John G. Bennett
Bruno Martin

Harmonische Entfaltung

Wesentliche Gedanken
von John G. Bennett

Ausgewählt und eingeführt
von Bruno Martin

John G. Bennett
Bruno Martin

Harmonische Entfaltung

Wesentliche Gedanken
von John G. Bennett

Ausgewählt und eingeführt
von Bruno Martin

Inhalt

Einleitung

John G. Bennett[1] war ein charismatischer Mensch mit einer außergewöhnlichen Ausstrahlung. Als ich ihn das erste Mal nach einer »Odyssee-Reise« durch den Westen Englands im Sherborne-House 1971 kennenlernte, spürte ich sofort, dass er mein spiritueller Lehrer sein würde. Ich fuhr als Anhalter und der Fahrer setzte mich an einer Kreuzung ab und sagte: »Hier geht es nach Sherborne.« Und das mitten im strömenden Regen! Nachdem mir jemand die Tür geöffnet hatte, begrüßte mich Elizabeth Bennett und bat mich auf einer Bank in einer großen Halle Platz zu nehmen. Nach einer Weile kam Bennett, setzte sich neben mich und schalt mich, dass ich nicht vorher angerufen hätte. Seine Präsenz war stark und ich fühlte mich wie ein kleiner Junge.
Nach einem Moment des Schweigens sagte er: »Du kannst nicht bleiben!« Ich stammelte etwas von strömendem Regen, und schließlich genehmigte er mir, zu übernachten. Am nächsten Morgen, nach dem Frühstück, sagte er plötzlich zu mir: »Du kannst bleiben.« Das war der Beginn einer besonderen »spirituellen Freundschaft«, die mich geprägt hat und bis heute in mir wirkt.

Die Idee, überhaupt nach England zu reisen und Bennett zu suchen, entstand, nachdem ich P. D. Ouspenskys Buch

---

[1] Seine Kurzbiografie ist im Anhang

Auf der Suche nach dem Wunderbaren[2] gelesen hatte, das mir in den 1968er Jahren in die Hände fiel und nicht mehr los ließ. So ging ich auf die Suche nach jemandem, der bei G. I. Gurdjieff, von dessen Lehre dieses Buch handelt, studiert hatte und auch lehrte.

Ich reiste vorher jedoch zuerst nach Indien, weil mich einige Ideen der hinduistischen und buddhistischen Philosophie ebenfalls ansprachen. Wie es sich im Leben fügt (solche «Fügungen«, die ich nicht mehr als «Zufälle« einstufen kann, gab es danach noch oft in meinem Leben), traf ich im Dorf Almora, an der Basis der Himalajas, eine Frau, die das Buch *Meetings with Remarkable Men*, die »mythische« Biografie von Gurdjieff, dabei hatte und mir auslieh. Sie gab mir den Tipp, nach England oder in die USA zu reisen, um da vielleicht noch Schüler von Gurdjieff zu finden. So fuhr ich einige Zeit darauf nach London.

Dort fand ich nach einigen mühsamen Recherchen heraus – damals gab es weder Smartphones noch Internet – dass Bennett gerade in Sherborne, Gloucestershire, zwischen Oxford und Cheltenham, eine »Akademie für lebenslanges Lernen« (*Academy for Continous Education*) eröffnete. Ich fand das Sherborne House und konnte bei den Vorbereitungen für die Eröffnung der Akademie mithelfen – und schon einiges lernen...

Nach dem Studienjahr an Bennetts Akademie habe ich nach und nach viele Bücher von Bennett ins Deutsche übersetzt und im eigenen Verlag veröffentlicht. Und ohne irgend-

---

[2] Hier im Buch abgekürzt als ASW

welche Verträge zu machen oder Honorarforderungen zu stellen, genehmigte er mir einfach in einem handschriftlichen Brief, alle seiner Bücher zu übersetzen und zu veröffentlichen.

Nachdem ich meinen Verlag 1996 beendet hatte, übernahm es der Chalice Verlag von 2004 an, die übersetzten Bücher von Bennett wieder herauszubringen. Den entscheidenen Anstoß dazu gab Reshad Feild, der Sufi-Lehrer des Verlegers Robert Cathomas.

Seit 1974 gebe ich auch Seminare, in denen ich die Praxis und Theorie der Lehren von Bennett und Gurdjieff vermittle. In den vergangenen zwanzig Jahren habe ich nicht nur etliche Bücher zu Gurdjieffs Lehre und Ideen geschrieben, sondern auch Bücher mit eigenen Übungen und Gedanken, die sich aus der Praxis meiner Arbeit mit Gurdjieffs und Bennetts Ideen entwickelt haben.

Das fortwährende Studium von Gurdjieffs und Bennetts spiritueller Arbeit eröffnete mir immer wieder einen neuen und tieferen Zugang zu den mich oft herausfordernden, tiefgründigen Gedanken John G. Bennetts, der Gurdjieffs Lehre weiter gedacht – und viele seiner Methoden auch weiter entwickelt hat.

Es waren oft einzelne Sätze oder Abschnitte, an denen ich hängenblieb und die mich wesentlich berührt und beschäftigt haben. Das hat mich bewogen, dieses vorliegende Buch »zu wagen«, um solche wesentliche Gedanken zusammenfassend in einem Buch zu vereinen.

Die meisten Bücher von Bennett wurden durch Abschriften von Tonbändern mit seinen Vorträgen erstellt. Bennett war ein sehr guter Redner, der philosophische Ideen »reinschriftlich« reden konnte. Das Erstaunliche war, dass seine Reden immer wieder neue Gedanken hervorbrachten, er wiederholte sich eigentlich nie oder präsentierte eine Idee in neuer Form. Das sieht man auch bei der Zitatesammlung in diesem Buch, in der in unterschiedlichen Vorträgen und Büchern neue Ideen zum gleichen Thema auftauchen. Daher sind diese Vorträge, die dann in Buchform veröffentlicht wurden oder bisher unveröffentlicht blieben, ein Juwel an Ideen, Aussagen und Kerngedanken... Viele der Vorträge wurden meist ohne seine eigene Begutachtung oder nach seinem Tode 1974 veröffentlicht. Bennett hatte bei seinen Vorträgen innerlich Kontakt mit der »kreativen Energie«,[3] die ihm »Eingaben« ermöglichten, durch die außergewöhnliche Gedanken in die Welt kommen konnten. Eine Zitatesammlung, wie in diesem Buch, soll keinesfalls davon abhalten, die Bücher zu lesen, sondern dazu anregen, sie zu lesen! Das Lesen dieser Zitate kann daran erinnern, ein Thema neu zu denken und zu bearbeiten. So können Sätze oder Abschnitte das innere Feuer für ein tieferes Studium von Bennetts Gedanken neu anfachen und für den individuellen geistigen Weg Anregungen geben.
Ich habe alle Zitate thematisch und alphabetisch geordnet und zu jedem Thema eine kurze Einleitung geschrieben, damit der Kontext der Gedanken und Ideen verständlich

---

[3]   Siehe Kapitel »Energien« und auch »Kreativität«.

wird. Die Sortierung nach Themen hilft darüber hinaus, bestimmte Ideen leichter zu finden. Selbstverständlich ist meine Auswahl subjektiv, von meinem spirituellen Lebensweg bestimmt. Nicht alles, was erwähnenswert wäre, konnte ich verwenden, weil dazu der gesamte Kontext und die ausführlichen Erläuterungen von Bennett fehlen.

Dieses Zitatebuch »erspart« dir, liebe Leserin, lieber Leser, vielleicht die mühsame Sucherei, wenn du dich gerade mit einem dieser Themen beschäftigst. Wie Bennett schrieb: »Dem wahren Lehrer oder geistigen Führer geht es darum, anderen zu helfen, ihre Entscheidungen selbst zu treffen und für sich verantwortlich zu werden.«[4]. In diesem Sinne lege ich den Umgang mit all diesen Gedanken in deine eigenen Hände. Die Arbeit, darüber nachzudenken oder etwas in die Tat umzusetzen, ist deine Arbeit!

Selbstverständlich kann diese Zitatesammlung nur einen kleinen Teil von Bennetts Gesamtwerk abdecken. Manche bedeutende Gedanken sind nicht in dieser Auswahl vertreten, zum Beispiel über die der sieben Welten und ihren Gesetzen. Diese Ideenwelt kann nur im größeren Zusammenhang verstanden werden, den Bennett ausführlich in *Die inneren Welten des Menschen* beschreibt und noch ausführlicher in seinem vierbändigen Werk *The Dramatic Universe*.

In meiner Zitate-Sammlung sind auch Texte aus englischen Büchern, die nicht übersetzt sind, oder aus unveröffentlichten Vorträgen, die Bennett gehalten hat.

---

[4]   Transformation, 110

In den jeweiligen Kapiteln finden sich auch einige Querverweise zur sonstigen Literatur von Gurdjieff, Ouspensky und anderen, die weiterführende Studien unterstützen können.

Mein herzlicher Dank gilt der Bennett-Familie, den Söhnen Ben und George und der Tochter Hero, die mein Projekt wohlwollend unterstützt haben. Ich bedanke mich auch für ihr Vertrauen, dass ich verantwortungsvoll die Zitate auf deutsch verwende.

Hinweis zum Gebrauch:
Die Quellenangaben der einzelnen Zitate stehen direkt beim Zitat mit Buchtitel und Seite. Die Buchtitel (mit der jeweiligen Abkürzung wie IW für »Innere Welten«) stehen ausführlich mit Verlag und Erscheinungsdatum auf den letzten Seiten dieses Buches in der Bibliografie, so dass jede/r den Kontext des Zitats mit weiteren Ausführungen von Bennett nachschlagen kann.

Bruno Martin, Winter 2018/19

Anstrengung

Es gibt für spirituell Suchende eine große Falle: das Überanstrengungssyndrom. Die Falle ist sehr subtil, denn die Idee hinter einer Anstrengung oder sogar Überanstrengung kommt der Notwendigkeit recht nahe. »Arbeit an sich selbst« erfordert Anstrengung. Aber es ist eine besondere Art der Anstrengung. Man muss sein Bestes geben, doch für die Arbeit an der eigenen Entfaltung sind Wachheit und Ausgewogenheit mehr gefordert, als eine heldenhafte, verbissene Anstrengung. Askese, Disziplin und Körperbeherrschung mögen ein Stück des Weges notwendig und hilfreich sein, doch jede Technik erschöpft sich letztlich durch Gewohnheit oder an ihrem Selbstzweck. Bennett sagt in einem der folgenden Zitate, dass »ich mich sechzig Jahre lang mit *der Illusion herumgeschlagen habe,* dass das Unangenehme für uns besser sei als das Angenehme.«

Ein Zen-Meister sagte einmal dazu: »Es ist nicht wichtig, wie lange Du sitzen kannst. Ich habe Hühner tagelang auf Stangen sitzen sehen, und sie waren hinterher dennoch nicht erleuchtet.« Der Weg ist kein Leistungssport, er benötigt vielmehr Intelligenz.

Was ist dein Lebensziel? Ich nehme an, du möchtest zuallererst gute Gesundheit bis ins hohe Alter erreichen, glücklich sein, ein Leben mit viel Wärme, Liebe und eine zufriedene Partnerschaft, gute Freunde, auf die du dich verlassen kannst, einen erfüllenden Job und keine Geldsorgen. Diesen positiven Eigenschaften stehen jedoch meistens äußere Hindernisse entgegen. Doch die größeren Hindernisse liegen in dir selbst: Unzufriedenheit, Frustration, Langeweile, Sorgen, Zweifel, Ressentiments, Gereiztheit, Unruhe, Spannungen, Missmut, Ängste und vieles mehr.

»Glücklichsein« ist vor allem ein Zustand, in dem man vollkommen mit sich eins und in seinem inneren Sein verankert ist. Eine Anleitung zum glücklichen Leben nützt nichts, wenn du nicht bereit bist, die notwendigen, intelligenten Anstrengungen zu unternehmen, alle Faktoren zu überwinden, mit denen du dir selbst das Leben schwer machst.

Gurdjieff betonte, dass viele Menschen oft etwas versuchen, was »zu groß« für sie ist und nicht das machen, was mit ihrer eigenen Kraft erreicht werden kann. Wir sind in der Lage, unser inneres Muster zu erkennen. Unser Wesen wird uns auf den Weg führen, wenn wir nach innen hören und nicht allem nachgehen, was von außen auf uns wirkt oder die Aufmerksamkeit für das Wesentliche abzieht. Diese Art der Anstrengung bringt mehr als die Verstrickungen in »unnötiges Leiden«, weil wir bestimmte Dinge nicht erreichen. Wenn du einmal eine Sache gut gemacht hast, dann ist es das nächste Mal nicht mehr nötig, wieder dieselbe Anstrengung zu machen: es wird wie von selbst wieder richtig werden. Wir brauchen nur das Vertrauen, dass wir unsere Vorstellung, die aus unserem inneren Sein kommt, verwirklichen können.

Zitate

Ouspensky verdanke ich die Überzeugung, die mich bis zum heutigen Tag nicht verlassen hat, dass man bereit sein muss zu zahlen, wenn man irgendetwas von Wert gewinnen will. Dabei hat sich meine Einsicht, was »zahlen« wirklich heißt, tiefgreifend geändert. Ich hatte ursprünglich eine falsche Vorstellung, was mit »Über-Anstrengung« gemeint ist. Ouspenskys eigenes Beispiel, zwanzig Meilen in einem Schneesturm zu laufen, ließ in mir das Bild einer heroischen Handlung entstehen, in der man sich bis zur Grenze des Aushaltbaren treibt. Dieses Bild wurde gleichsam auf grundierte Leinwand gemalt, denn ich bin von meiner Mutter zu dem Glauben erzogen worden, dass Selbstverleugnung und Selbstverausgabung um ihrer selbst willen gut seien. Man muss sich in Acht nehmen, eine bestimmte Lehre nicht deswegen als richtig anzunehmen, weil man in der Kindheit entsprechend konditioniert worden ist. Der Dank, den ich meiner Mutter schulde, weil sie durch ihr eigenes Beispiel und Verhaltensregeln in mir die Überzeugung gefestigt hat, dass Faulheit uns zerstört und Toleranz eine der besten Tugenden ist, überwiegt bei weitem den Nachteil, dass ich mich fast sechzig Jahre lang mit *der Illusion herumgeschlagen habe*, dass das Unangenehme für uns besser sei als das Angenehme. (TF, 23-24)[5]

---

[5] Siehe auch: Ouspensky ASW, S. 341, Ausgabe 1966: »Sie müssen verstehen..., dass gewöhnliche Anstrengungen nicht zählen. Nur *Über-Anstrengungen*

Das kreative *Werk*,[6] über das wir sprachen, ist nicht einfach eine Art der Anstrengung; es ist eine Realität an sich, die ihren Ursprung in einer Quelle hat, die wir nicht direkt erfahren können. (IW, 247)

Die Arbeit hat viele Dimensionen, doch diese zerstreuen sich nicht in Anstrengung, Aufmerksamkeit oder Liebe; sondern es geht darum, wie diese möglich und fruchtbar für uns sind. Der wirklich Kern der Sache ist der »Geschmack des *Werks*«, das Schmecken des Unerwarteten, des Nicht-Mechanischen, des Bewussten, des Wirklichen. (7 Linien, 21)

Aber was hat eine Anstrengung mit der spirituellen Arbeit zu tun? Jeder muß Anstrengungen irgendeiner Art machen und die meisten sind nutzlos oder mechanisch. Wir müssen die Relativität der Ausrichtung bei Anstrengungen berücksichtigen. Ein Mensch kann Anstrengungen aus Furcht oder gewohnheitsmäßigem Gehorsam – wie ein Tier – machen. Er kann Anstrengungen von seiner äußeren Persönlichkeit her machen, um das Bild, das er von sich hat, aufzuwerten. Oder er kann von seinem inneren Wesen,

---

zählen... Diejenigen, die keine Überanstrengungen machen wollen, sollten lieber alles aufgeben und sich um ihre Gesundheit kümmern.« Siehe auch S. 509 in ASW

[6] Siehe Kapitel »Werk«

d. h. seiner wahren Natur her arbeiten. Die reinste Form der Anstrengung ist, wenn ein Mensch einer echten Verpflichtung nachkommt. (7 Linien, 22)

Das bejahende Element der Anstrengung ist, wenn man vom Verstand her arbeitet. Der Verstand sagt »ja« und der Körper oder die Gefühle sagen »nein«. Aber es muß tiefer gehen. Unsere ganze automatische Natur sagt »nein« und nur das höhere Wesen im Menschen kann wirklich »ja« sagen. Wenn wir gegen die Zwänge des Interesses oder einer Abneigung arbeiten, kommt diese Bejahung von unserem höheren Selbst. Das höhere Selbst entspricht mehr dem wirklichen Ich als den niederen Teilen des Selbst, aber das niedere ist zu einem gewissen Grade auch »Ich«. (7 Linien, 22)

Um eine wirklich nützliche Anstrengung zu machen, müssen wir in der Lage sein, die Gelegenheit dafür zu sehen, das heißt, wir müssen genügend wach sein. (7 Linien, 24)

Arbeit durch Anstrengung und Arbeit durch das Empfangen von Hilfe können sich nicht gegenseitig ersetzen, aber beide Aspekte können in einer ganzheitlichen Tätigkeit gegenwärtig sein. *Hilfe ist nötig um etwas Neues anzufangen und zu vollenden, aber ohne Anstrengung gibt es überhaupt keine Aktion.* Die Kombination der beiden Seiten in uns gehört zur Realität der *Synergie* oder Zusammenwirkung, die für die Ganzheit des *Werks* notwendig ist. Weder ist das *Werk* etwas, was wir tun, noch etwas, was uns angetan wird. Wir können unserer Fähigkeit entsprechend an der Arbeit teilhaben. Diese Teilnahme ist manchmal eine Sache der Anstrengung und manchmal von empfangender Haltung abhängig. Wenn wir uns einseitig auf Anstrengung konzentrieren, werden wir insensitiv, wenn wir uns nur auf Hilfe verlassen, werden wir schwach. Es gibt viele praktische Gründe dafür, die beiden Aspekte in unserer eigenen Arbeit auszugleichen. (7 Linien, 24)

Bei der Arbeit an sich selbst ist eine Art der Anstrengung notwendig, die keinen gesellschaftlichen und anderen äußeren Zwecken dient. (7 Linien, 57)

In dem Moment, wo die Aufmerksamkeit auf etwas gerichtet wird, gibt es keine Anstrengung. Anstrengung kommt erst mit hinein, wenn wir versuchen, die Aufmerksamkeit zu halten. Diese Erfahrung, die wir selbst überprüfen können, zeigt uns, dass der Willensakt und die damit einhergehende schöpferische Tat nicht in der Zeit stattfinden. (IW, 50)

Bleibt die Frage, ob Anstrengung für die Vervollkommnung der Seele notwendig ist, oder ob sie allein durch Hingabe und Fügung erreicht werden kann. Ich glaube, dass Hingabe notwendig, Anstrengung aber obligatorisch ist. (SP, 258)

Der Ertrag einer inneren Arbeit ist immer unerwartet. Er erfolgt nicht den erwarteten Regeln von Ursache und Wirkung. Doch eine Anstrengung auf diesem Weg geht nicht verloren. Früher oder später bringt sie einen Ertrag.[7]

Anstrengungen werden nicht dadurch belohnt, dass sich etwas verändert, sondern weil sie Möglichkeiten für spontane Erfahrungen öffnen. (Way, 40)

(Ouspensky in Bewusstsein und Gewissen, *151: Bewusste Anstrengung ist die Anstrengung, die auf Verstehen beruht; zuallererst Verstehen ihrer Notwendigkeit und Verstehen ihrer Gründe, die sie notwendig machen. Der Hauptgrund für die bewusste Anstrengung ist Ihr Bedürfnis, die Wälle der Mechanisiertheit zu durchbrechen, des Eigenwillens und des Mangels an Selbsterinnern.)*

---

[7] Vergleiche: Shivapuri Baba, zitiert von JGB: »Disziplin ist keine Anstrengung. Disziplin gibt Kraft.« (in: *Richtig Leben*, 186)

Aufmerksamkeit

Aufmerksamkeit war ein zentrales Thema für Bennett insbesondere für die Praxis der »Arbeit an sich selbst«. Man kann nicht darüber »philosophieren«, man kann Aufmerksamkeit nur in allen möglichen Umständen erleben – oder auch nicht. Bennett brachte in einem unveröffentlichten Vortrag einen – wie ich finde – sehr interessanten Aspekt dazu: »Aufmerksamkeit ist keine leichte Sache. Niemand weiß genau, was sie ist. Ein Grund liegt darin, dass es unfreiwillige und absichtliche Aufmerksamkeit gibt... Wenn wir unsere Aufmerksamkeit nicht kontrollieren können, wird alles zufällig geschehen, ohne jegliche Absicht unsererseits.«[8]

Für Bennett war Aufmerksamkeit ein Ausdruck der Willenskraft.[9] Wenn wir so arbeiten, dass uns gewöhnliche unbewusste Zustände und Abläufe bewusst werden, zum Beispiel die direkte Erfahrung von Gefühlszuständen, dann kann die Aufmerksamkeit diese Erfahrung umwandeln, so dass wir aufwachen, uns selbst tatsächlich wahrnehmen. Das ist der Beginn der Selbsterinnerung,[10] der objektiven Erfahrung von sich selbst.

Das Geheimnis besteht darin, dass unsere Aufmerksamkeit aktiv an unserer Wahrnehmung beteiligt ist, nicht nur bei

---

[8] in: *The Present Moment*, 1970. Unveröffentlichter Vortrag.
[9] Siehe dazu auch: *Die inneren Welten des Menschen*, S. 49-51
[10] Siehe das Kapitel hier im Buch

den Gedanken, sondern auch in allen anderen Teilen von uns. Dann bemerken wir auch, was in unseren unbewussten Teilen vor sich geht und möglicherweise auch in den höheren Zentren. Wir tendieren dazu, die Aufmerksamkeit zu sehr von den mentalen Assoziationen und von inneren wie äußeren Bildern gefangen nehmen zu lassen, die ständig vor unserem »inneren Spiegel« vorüberhuschen. Dieser Zustand bringt ein Ungleichgewicht in den Organismus: der Körper entwickelt Spannungen, weil wir nicht zentriert sind. Daraus folgt, dass die meisten einen großen Teil ihrer Zeit in einem unnatürlichen Zustand leben, der müde macht, ohne dass wir etwas tun oder etwas erreichen. In diesem Zustand sind wir geteilt zwischen einem Zustand zielloser Aktivität im Geist – Tagträume, unnütze Gedanken, Wiederholungen von inneren Gesprächen oder einfach das Nachgrübeln über Dinge, die irgendwie unsere Gefühle berührt haben, angenehmes oder unangenehmes. Gleichzeitig steht der Körper unter unbewusster Spannung, welche die Energie in mentale Assoziationen abzieht.

Gedankliche Abläufe können kaum direkt angehalten werden, weil sie einfach eine Gehirnaktivität sind. Die Neuronen feuern unablässig.

Es geht nicht darum, die Assoziationen anzuhalten, das erfüllt einen anderen Zweck und erzeugt eine andere Art der Energiekonzentration wie bei bestimmten Übungen.

Es geht hier vielmehr darum zu lernen, wie man die sensitive Energie, die in diesen Kopfaktivitäten gebunden wird, dafür zu nutzen, ihnen *keine* Aufmerksamkeit zu schenken. Damit einher geht das Problem, auch den Körper in eine entspanntere Lage zu bringen, der sich nämlich verspannt als eine Form des Widerstands gegen diese Vereinnahmung aller Prozesse, die unbewusst in Gehirn ablaufen. Es ist möglich und auch wünschenswert, wenn wir bewusster werden wollen, die Aufmerksamkeit zu trainieren. Das führt nicht unbedingt dazu, immer mehr Minuten oder sogar Stunden am Tag wirklich aufmerksam zu sein, doch es ermöglicht, immer mehr »im gegenwärtigen Augenblick« zu leben, denn »der gegenwärtige Augenblick ist alles, was wir haben, alles was wir je haben werden! Wir leben im gegenwärtigen Augenblick, doch er hat die eigenartige Besonderheit, dass er sich ausdehnen oder zusammenziehen kann.«[11]

Aufmerksamkeit selbst ist nicht anstrengend, wie im Kapitel »Anstrengung« schon zitiert wurde. Anstrengend wird es erst, wenn wir versuchen, die Aufmerksamkeit länger aufrecht zu erhalten. Mit kontrollierter, gezielter Aufmerksamkeit haben wir eine echte Wahl, und das bedeutet, wir haben die »Fähigkeit zu tun«, wie Gurdjieff es nennt, die Fähigkeit zu einer echten Willensentscheidung.

Die folgenden Zitate werfen noch mehr Licht auf die innere Qualität der Aufmerksamkeit.

---

[11] in: *The Present Moment,* unveröffentlichter Vortrag von 1970

Zitate

Die Welt ist heute zu einem großen Teil von Leuten dominiert, die anderer Leute Aufmerksamkeit auf sich ziehen, sei es in Erziehung, Wirtschaft, Politik oder Religion.[12] Inmitten all dieser Aufmerksamkeit heischenden Aktitäten kommt der einzelnen Person ein passive Rolle zu, sie reagiert nur auf das, was von außen kommt. Dies ist *unfreiwillige* Aufmerksamkeit. Was uns hier interessiert, ist *freiwillige* Aufmerksamkeit, bei der wir selbst die Initiative übernehmen. (IW, 49)

Jeder weiß, was es heißt, »einer Sache Aufmerksamkeit zu widmen«. Jeder weiß auch, wie schwer es ist, diese aufrechtzuerhalten, wenn wir nicht gerade interessiert oder angeregt sind. Wir können uns selbst in einen Zustand der Aufmerksamkeit versetzen, doch dieser wird früher oder später abbrechen und wir müssen uns dann »selbst zurückrufen«. (IW, 49)

Die Arbeit mit der Aufmerksamkeit gehört zu jeder Arbeit an sich selbst. Sie ist der Boden, auf dem vieles aufgebaut wird. Wenn wir den Unterschied zwischen freiwilliger und unfreiwilliger Aufmerksamkeit nicht kennen, leben wir in einer Traumwelt. Die Wissenschaft der Aufmerksamkeit ist

---

[12]   oder im Internet... das es damals noch nicht gab.

in der heutigen Welt nicht sehr bekannt und es nimmt viel Zeit in Anspruch, ein wirkliches Verständnis über sie zu gewinnen, wenn wir einmal von der vorherrschenden Kultur beeinflusst sind. (IW, 51)

Jeder, der versucht, mit Absicht zu arbeiten, kommt an das Problem, die Aufmerksamkeit zu halten. Jedem ist die Notwendigkeit klar, die Aufmerksamkeit zu verbessern, das ist auch möglich. Doch es ist nicht praktisch es mit einer direkten Anstrengung zu machen. Das lässt sich leicht feststellen: Wenn wir absichtlich versuchen, die Aufmerksamkeit zu halten, sehen wir, wie begrenzt wir dabei sind.[13]

Ich glaube nicht, dass irgendjemand eine ganze Buchseite lesen und sich bewusst in Kontakt mit der Absicht des Autors sein kann, ohne dass seine Aufmerksamkeit – sogar bei so einer einfachen Sache – umherwandert. (Intentions and Will)

Es gibt eine Energie, die uns mit der Erfahrung verbindet, die wir haben, und wenn diese Verbindung stark genug ist, dann ist die Aufmerksamkeit sehr gezielt. Diese Energie hat die besondere Eigenschaft, die keine andere Energie hat.

---

[13] in: Intentions and Will, unveröffentlichter Vortrag in der Kensington Library, London, Oktober 1973

Sie kann direkt mit unserem Willen verbunden werden. (Intentions and Will)

Unsere Kapazität an Aufmerksamkeit hängt von etwas ab, wovon wir nur einen begrenzten Vorrat haben. Sobald dieser erschöpft ist, erlahmt unsere Aufmerksamkeit. Sie kehrt nach einer Weile zurück, da unser Vorrat ständig nachgefüllt wird. (IW, 58)

Aufmerksamkeit ist keine Energie. Sie ist eine Kraft des Willens. Wir sprechen jetzt nicht über den Willen und die verschiedenen Willenskräfte. Eine unserer Schwierigkeiten ist, einen unzureichenden Energievorrat zu haben, noch schlimmer ist allerdings der Mangel an Willen: Aufmerksamkeit ist die einfachste und vielleicht primitivste aller Willenskräfte. Wir wissen nur zu gut, wie wenig wir von dieser Kraft zur Verfügung haben. (Energien, 86)

Wir können ohne Aufmerksamkeit handeln, und wenn wir das Gefühl haben, eine absichtliche Handlung auszuführen, können wir beobachten, dass unsere Aufmerksamkeit von der Quelle der Initiative sowohl auch der Handlung selbst losgelöst ist. Darüber hinaus ist Aufmerksamkeit keine Handlung an sich, und es gibt keine Funktion für Aufmerksamkeit in uns. Sie kann auch nicht bedingt von Nervenimpulsen gesehen werden. (DU Band II, 74)

Es gibt keine »Energie der Aufmerksamkeit«. Aufmerksamkeit kann Energien lenken, ist aber selbst keine Energie, während Bewusstsein in all seinen Manifestationen eine Form der Energie ist. ... Aufmerksamkeit stellt Beziehungen her, ebenso wie eine Entscheidung und Wahl. (DU II, 75, 76)

In einem Zustand der Identifikation können wir nicht kämpfen, weil nichts da ist, das kämpfen[14] will. Um kämpfen zu können, muss etwas in uns en Zustand der Loslösung bewirken. Jede Art von Schock kann dazu führen. Wenn es ein physischer Schock ist, nennen wir das *bemerken*. Wenn es ein geistiger Schock ist, nennen wir es *Erwachen der Aufmerksamkeit*. Wenn es ein moralischer Schock ist, nennen wir es *Gewissensbiss*. (TF, 36)

---

[14] Anm. d. Hg.: »Kämpfen« bezieht sich auf den inneren Kampf mit den eigenen Schwächen. Siehe dazu auch: 7 Linien, 51ff

Bewusstsein

Es gibt viele Unklarheiten bei der Definition des Bewusstseins. Entsteht Bewusstsein im Gehirn, besteht es unabhängig vom Gehirn, hat es eine Kraft, ist es eine Energie, ist es dasselbe wie Geist, ist es gleichbedeutend mit Gedanken? Es gibt wenige Erkenntnisse, weder in der Forschung noch in der Philosophie, die wirklich zufriedenstellend sind.

Der Ansatz bei Bennett ist zuerst einmal die Erfahrung, dann sein Konzept der zwölf Energien (siehe IW, 56ff), das auf der Idee der so genannten Wasserstofftabelle von Gurdjieff in eine zeitgemäße Form transformiert wurde.[15]

Darin ist Bewusstsein unter anderem als »bewusste Energie« definiert. Die sensitive Energie, die in diesem Konzept das gewöhnliche »Wachbewusstsein« hervorbringt, ist im Verhältnis zur bewussten Energie eine wichtige, weil sie die Energie des Lebens ist, dennoch hat sie nicht die Macht des Bewusstseins, denn »Bewusstsein hat eine viel größere, verbindende oder integrierende Macht«[16] Doch man sollte auch sehen, dass beide sich bedingen und gegenseitig ergänzen. Weil die Energien tabellarisch angeordnet sind, wird dieser Aspekt und die Verwobenheit der unterschiedlichen Energien leicht übersehen.[17]

---

[15] siehe das 9. Kapitel von ASW
[16] *Energien*, 97
[17] Siehe auch das Kapitel »Energien« in diesem Buch

Das Energiekonzept von Bennett wirft aber grundsätzlich ein ganz anderes Licht auf das Thema des Bewusstseins, das selbstverständlich mit den wenigen folgenden Zitaten in keiner Weise erschöpft ist.[18]

Zitate

In der Alltagssprache bedeutet *Bewusstsein* einen Zustand, in dem man sich der Dinge, die die sensitive Energie produziert, bewusst ist. Was wir jedoch mit Bewusstsein meinen, gehört einer höheren Ordnung an, wir können es grob beschreiben als »sich des gewöhnlichen Bewusstseins bewusst sein«. Wenn wir begreifen wollen, was Transformation für den Menschen bedeutet, ist es notwendig, die Unterscheidung von Sensitivität und Bewusstsein nachzuvollziehen. (IW, 79)

Die bewusste Energie ist eine kosmische Energie, deshalb sind wir nicht in der Lage, sie in uns selbst herzustellen. Sie geht nicht direkt aus Anstrengungen hervor, wie die Sensitivität. Wenn wir mehr über die Transformation der Energien lernen, werden wir schließlich verstehen, dass beim Erwachen des Bewusstseins immer eine spontane Komponente mitspielt. Dies ist der Grund, warum der Akt der freiwilligen Aufmerksamkeit, der das Bewusstsein weckt, seinem Wesen nach kreativ ist. (IW, 80)

---

[18] Siehe auch mein Buch *Der Wunderland-Effekt* zum Thema

Wenn Bewusstsein in uns ist, werden wir gewahr, dass unser gewöhnlicher Bewusstseinszustand eher wie Schlaf oder wie Zweidimensionalität wie in »Flächenland« ist. (IW, 81)

Bewusstsein ist nicht personalisiert oder an einen bestimmten Platz gebunden. Es ist überall. Wenn wir so tun, als gehöre es uns, dann ist dies genauso albern, als würden, wir behaupten, die Atmosphäre gehöre uns, nur weil wir einen Atemzug machen können. Wir sind so beschäftigt mit den äußeren Dingen, dass wir gar nicht wahrnehmen, dass allen Dingen Bewusstsein innewohnt. Es ist in verschiedenen Dingen unterschiedlich konzentriert und es wirkt unterschiedlich in ihnen. (IW, 81)

Obwohl Bewusstsein nichts ist, was man kontrollieren oder wie eine Lampe an- und ausschalten könnte, so können wir doch lernen, uns selbst auf die bewusste Erfahrung einzustellen. Es ist das Bewusstsein, was uns wahrnehmen lässt, was wir sind, und uns befähigt zu denken, was wir denken wollen, und zu fühlen, was wir fühlen wollen, und unseren Körper so zu bewegen, wie wir es beabsichtigen. Es ist das Bewusstsein, das uns in die Lage versetzt, all unsere Zentren gleichzeitig zu erfahren. (IW, 82)

Bewusstsein ist eine universelle Energie, die nicht auf unseren eigenen, privaten gegenwärtigen Augenblick begrenzt ist... Unsere mentale Erfahrung gewinnt durch Bewusstsein eine zusätzliche Dimension neben Zeit und Raum: eine Dimension der Tiefe. (TF, 65)

Bewusste Energie befähigt uns, uns selbst und unsere mentalen Prozesse zu kritisieren und zu beurteilen, weil wir uns danebenstellen können. Bewusste Energie erlaubt die selbständige, konstruktive Aktivität aller drei Zentren, die sich dann in einem einzigen Feld der Erfahrung vereinigen können. (TF, 65)

Aber wäre inhaltloses Bewusstsein nicht ein toter Zustand der vollkommenen Auflösung? Ich könnte mir vorstellen, dass Bewusstsein ohne Inhalt vollkommene Auflösung ins Nichts bedeutet. (RF, 36)

Wie dreist jemand auch immer behaupten möge, es gäbe kein Bewusstsein, man könne die Welt nicht verstehen und nichts über sie lernen, es bleibt dennoch wahr, dass wir etwas suchen, dass wir versuchen, die Welt zu verstehen und aus unserer Erfahrung immerhin einen gewissen Sinn ziehen. (RF, 100)

In der menschlichen Erfahrung werden wir der Diskontinuität des Bewusstseins direkt gewahr; ununterbrochene Übergänge kommen hier überhaupt nie vor, nur Sprünge über Lücken und Unstetigkeiten. (RF, 130)

Bewusstsein ist das Bindeglied das die individuelle Existenz mit dem universalen Wesen (*being*) verbindet. Es wird vom Menschen als die direkte Erkenntnis einer Kraft erfahren, die innerhalb und jenseits seiner eigenen Gegenwart liegt. (DU II, 231)

Durch Bewusstsein kann das Leben selbst das Leben transzendieren und Individualität kann sich der Universalen Existenz bewusst werden. (DU II, 231)

In seiner universalen Bedeutung ist Bewusstsein der Grundzustand der Kosmischen Existenz. Im Zusammenhang der kosmischen Energien als Ganzes ist Bewusstsein passiv. Es vermittelt weder eine kreative noch dominierende Kraft in der Welt, sondern macht es eher möglich für das Universum, sich selbst zu sein – eine Ganzheit mit aufeinander bezogenen Teilen. (DU II, 231)

Bewusstsein hat eine viel größere verbindende oder integrierende Macht. Wenn die bewusste Energie wirklich vom Strom der Sensitivität befreit ist, ist sie fähig, viele weitere Dinge zu »sehen«, zu erkennen, die auch damit zu tun haben. Ob wir mehr oder weniger erkennen entscheidet der Grad an Freiheit, den wir erreichen. Um zu sehen, muss man zur Seite treten, sonst wird man den »Wald vor lauter Bäumen nicht sehen«. (Energien, 97)

Zusammenhänge wahrzunehmen, die wir vorher nicht sahen – eine Art der Öffnung des »inneren Auges« des Verstehens – ist eine Wirkung des Bewusstseins. Eine solche Erfahrung ist ein Glückstreffer – das heißt, unser Bewusstsein ist für eine ausreichende Zeit freigesetzt [von der Sensitivität]. (Energien, 98)

Zum Thema siehe auch: ASW 204ff, C. S. Nott, Teachings of Gurdjieff, 176: »Der Unterschied zwischen einem Gedanken und Bewusstsein ist, dass Gedanken eine Abfolge von Bildern sind - ein Zug oder eine Sequenz; Bewusstsein ist eine simultane Bewusstheit der Inhalte des Geistes [mind] - und natürlich der Gefühle und Empfindungen.«

Der gegenwärtige Augenblick

»Der gegenwärtige Augenblick ist alles was wir haben«, sagt Bennett. Tatsächlich leben wir immer im Moment, der Vergangenheit, Gegenwart und Zukunft einschließt. *The Present Moment*, wie es auf Englisch heißt, beinhaltet sowohl Aufmerksamkeit als auch Bewusstsein – und die Möglichkeit zum kreativen Handeln. Diese beiden Themen wurden in den vorhergehenden Kapitel behandelt. Ich hätte die Bennett-Zitate dort einfügen können, doch da die Kerngedanken dazu von großer Bedeutung sind, sollten sie in diesem Kapitel eine eigene Würdigung finden.

Zitate

Der gegenwärtige Augenblick ist alles, was wir haben, alles, was jede/r von uns hat, alles, was wir je haben werden. Wir leben immer im »gegenwärtigen Augenblick«, doch hat dieser die besondere Eigenschaft, dass er sich zusammenziehen oder ausdehnen kann. In einem Zustand der inneren Anspannung, der ungezielten mentalen Aktivität, beim Tagträumen oder halb oder ganz »eingeschlafen« zieht sich der gegenwärtige Augenblick zusammen. Es ist möglich, die Länge eines Traumes zu messen, der einen beachtlichen Inhalt haben kann, doch er dauert nur einige

Sekunden. Dies ist die extreme Zusammenziehung des gegenwärtigen Augenblicks, er wird nur eine Minute deines Bewusstseins umfassen.

In unserem Wachzustand fluktuiert der gegenwärtige Augenblick ebenfalls beachtlich. Manchmal ist es nur ein Gewahrsein dessen, was unmittelbar um uns herum geschieht. Manchmal erweitert sich unsere Vision und wir haben ein größeren Input von Erinnerungen und eine klarere Fokussierung von Erwartungen, so dass unser gegenwärtige Augenblick nicht nur das ist, was wir sehen oder berühren, sondern wir sind auch in Kontakt damit durch Erinnerung, Erwartungen und Entscheidungen. Unsere Willenshandlungen können in diesen größeren gegenwärtigen Augenblick hineingenommen werden.[19]

Eine Menschen haben die Fähgkeit, den gegenwärtigen Augenblick weit darüber hinaus auszudehnen. Sie können über Zeiträume von Jahren oder Jahrzehnten blicken... Manchmal gibt es die Tendenz nur von Jahr zu Jahr zu leben, manchmal sind Pläne und Entscheidungen über 10, 15 oder 20 Jahre wirksam.[20]

---

[19] Dieses und einige folgende Zitate aus: *The Present Moment,* einer von sechs Vorträgen über *The Systematics of Organisation,* gehalten im Utopia Castle, Basking Ridge, N. J. Juli 1970

[20] Anm. d. Hg.: Hier bezieht sich Bennett auf Unternehmensentscheidungen, doch kann das auch auf menschliche Entscheidung zutreffen. In Hinsicht auf Unternehmen kann man heute sehen, dass ihre Entscheidungen oft sehr kurzsichtig getroffen werden...

Ich denke, dass in einem gewissen Zustand der persönlichen Entwicklung der gegenwärtige Augenblick durch ein geeignetes Training erweitert werden kann, genauso wie unser gegenwärtiger Augenblick den Grad an Verantwortlichkeit ausmacht, die wir auf uns nehmen können, die Form der Entscheidung treffen können, zu der wir fähig sind.

Der gegenwärtige Augenblick hat eine Richtung, nicht nur bloße Offenheit im Sinne von einer Anzahl möglicher Entscheidungen bestimmt wird, sondern einer mehr absoluten Art: eine Leere, in die ich durch eigene Entscheidung etwas hineinbringen kann.

Folgende Zitate aus den veröffentlichten Büchern:

Durch die Wesenserfahrung haben wir scheinbar mehr Zeit zur Verfügung, da wir uns dabei im gegenwärtigen Augenblick zu halten vermögen. In der Persönlichkeit schlüpft der Gegenwartspunkt immer durch Assoziationen in die Vergangenheit oder in die Zukunft. Wir sind von den Dingen gefangen genommen und haben keine Zeit. Wir sind unfähig, in wirklichen Kontakt mit vergangenen Ereignissen zu treten und unfähig, eine Vision von der Zukunft aufrechtzuerhalten. Das, was mit uns passiert, wenn wir unter den Gesetzen von Welt 24[21] stehen, hat eine Tiefe, die uns fähig macht, die Verbindung zu halten. Was wir auf eine wesenhafte Weise erfahren haben, bleibt lebendig. Wir können uns mit der Zukunft verbinden und uns auf das, was kommt, vorbereiten. Wir nehmen einen Platz im Lauf der Ereignisse ein, anstatt nur wie Treibgut auf der Oberfläche äußerer Ereignisse herumgestoßen zu werden. Mit unserem Wesen können wir erkennen, was *potenziell* und was *tatsächlich* ist – dadurch haben wir die Möglichkeit echter Wahl. Durch Wahl verändert sich die Bedeutung der Zeit. (IW, 232)

Die Menschen verstehen den gegenwärtigen Augenblick gewöhnlich in Begriffen des Bewusstseins, doch die wichtigere Seite davon hat mit Entscheidung und dem Willen zu tun. Die Entscheidung, die den gegenwärtigen Augenblick zusammenhält ist etwas, das jede Art von Wesen charakterisiert, doch wir Menschen haben eine gewisse Macht bekommen, die es uns ermöglicht, in einem größeren gegenwärtigen Augenblick zu leben als jedes der Tierarten. (Way, 134)

---

[21] Ausführlich zu den sieben Welten, die auf Gurdjieffs Wasserstofftabelle, dem Schöpfungstrahl bzw. dem Energiekonzept Bennetts beruhen in: Innere Welten ab S. 145. Siehe auch mein Buch *Auf einem Raumschiff mit Gurdjieff«*, 2014, »zufällig« auch ab S. 145

Es gibt etwas in uns, durch das wir Entscheidungen[22] treffen können, weil wir sowohl die Vergangenheit als auch die Zukunft sehen können. Dadurch können wir den gegenwärtigen Augenblick ausdehnen. Das ist der Grund warum Gurdjieff sagte, dass ein Mensch ein Wesen sei, das sich »an sich selbst erinnern kann« – ohne diese Selbsterinnerung ist man kein wirklicher Mensch. ... Der Grund dafür ist, dass diese Menschen die Fähigkeit, Entscheidungen zu treffen, nicht ausüben. (Way, 134)

Wir müssen nicht die ganze Zeit in einem Zustand des erweiterten Bewusstseins leben, denn dann wäre der gegenwärtige Augenblick nichts anderes als nur eine Sache des Bewusstseins. ... Der gegenwärtige Augenblick ist nicht nur das, dessen wir bewusst sind, sondern auch das, was ein Teil von uns durch unseren eigenen Willen und Entscheidung geworden ist. (Way, 135)

Der gegenwärtige Augebenblick ist der ganze Bereich unserer Erfahrung in dem wir fähig sind, etwas zu »tun«, das heißt, da wo unsere Handlungen mit unseren Zielen in Einklang verbunden sind. Außerhalb dieses Bereichs müssen wir uns auf äußere Dinge verlassen, um diese Verbindung herzustellen. (ebenda)

---

[22] Anm. d. Hg.: Mit Entscheidung sind nicht die täglichen Routine-Entscheidungen gemeint, sondern »wirkliche Entscheidungen«, die vom Willen und dem »wirklichen Ich« gemacht werden.

Eine realistische Weise den gegenwärtigen Augenblick zu verstehen wäre, diesen als die Welt unserer Effektivität zu sehen. Manche Menschen haben eine Welt der Effektivität, die sich weiter erstreckt als bei anderen. (ebenda)

Ein Aspekt unserer Arbeit ist es zu lernen, wie der gegenwärtige Moment ausgedehnt werden kann, von einer Reihe fragmentarischer Erfahrungen zu einer Köherenz der Erfahrungen zu gelangen, in der wir *uns selbst* finden. Ein anderer Aspekt ist zu lernen, wie der gegenwärtige Augenblick mit anderen geteilt werden kann, weil der gegenwärtige Moment eines Individuums, das in sich selbst geschlossen ist eine wirklich uneffektive Sache wäre. (Way, 136)

Es ist wichtig, die Aufmerksamkeit ins Zentrum der Brust zu bringen, um das Gefühl es eigenen Selbst oder des Ichs zu wecken: Ich bin hier präsent, hier bin ich bei mir selbst. Es ist hauptsächlich zentriert als ziemlich starke Bewusstheit von mir selbst im Brustbereich, so dass ich als Ergebnis eine bestimmte Harmonie zwischen dem körperlichen Zustand und dem Denkzustand spüre. (Sunday Talks, 200)

Drei Zentren

Nach Gurdjieff ist der Mensch ein dreihirniges bzw. dreizentrisches Wesen. Gurdjieff entwirft ein einfaches Beispiel
von den drei Zentren und der Rolle des »wirklichen Ichs«.
Er beschreibt sie durch das Bild einer Kutsche, die von
Pferden angezogen wird, die wiederum vom Kutscher be-
fehligt werden. In der Kutsche sitzt der »Herr«, der Fahrgast. In dieser Metapher entspricht die Kutsche dem Körper, die Pferde den Gefühlen, der Kutscher dem Verstand
und der Fahrgast dem Willen, dem Ich.
Wenn die Pferde störrisch sind, der Kutscher betrunken
und die Kutsche schlecht gewartet ist, dann kann der
Fahrgast noch so viel Bewusstsein besitzen, wie er will, die
Kutsche gerät außer Kontrolle. Gehorsame Pferde, ein
aufmerksamer Kutscher und eine gut gewartete Kutsche
können andererseits den Fahrgast schnell und ungefährdet
zu seinem Ziel bringen.
Gurdjieff ging es bei seiner Erklärung der drei Zentren des
Menschen nicht nur um Gehirnphysiologie oder den Funk-
tionsaspekt, sondern auch um das, was Denken, Fühlen
und Bewegen antreibt.[23] Das hat damit zu tun, dass seiner
Erkenntnis nach diese Zentren nicht »eigenmächtig« bleiben, sondern von einem wachen Bewusstsein angeleitet
werden sollten. Dieses Bewusstsein ist die Steuerungszen-

---

[23] Siehe IW, 87ff, 94ff,.

trale des individuellen Willens, des wirklichen Ichs.[24]
Säugetiere haben bei Gurdjieff nur zwei Zentren, den physischen Körper und ein Gefühlszentrum. Doch dieses Wissen ist einhundert Jahre alt. Inzwischen wissen wir aufgrund vieler biologisch-wissenschaftlicher Erkenntnisse, dass auch Vögel eine Art Denkzentrum haben. Sie können bewusst verschiedene Laute hervorbringen und auf diese Weise mit anderen Vögeln kommunizieren. Sogar »einzentrische« Wesen wie Ameisen haben verschiedenartige Kommunikationsmöglichkeiten, um sich zu organisieren. Das Erstaunlichste ist, was neueste Erkenntnisse zu Ameisen aussagen, dass sie sich sogar ohne von den Forschern wahrnehmbare Kommunikation organisieren. Dabei reinigen zum Beispiel eine Gruppe von Blattschneiderameisen ihre bis zu zweihundert Meter langen Laufwege von hinderlichen Gegenständen wie Ästen frei. Und offenbar gibt es dabei keine Befehlszentrale.[25] Und Bienen können sogar rechnen, wie neueste Forschungsergebnisse aufgezeigt haben.[26]

Wichtig ist für uns heute immer noch die ganz praktische Idee, dass der Mensch drei grundlegende Zentren hat – den physischen Körper, das Gefühlszentrum und das Denkzentrum –, die bei den meisten Menschen nicht synchronisiert sind. Das sehen wir deutlich bei den choreografierten *Movements*, die Gurdjieff als Werkzeug für die harmonische Entfaltung des Menschen eingeführt und genutzt

---

[24] Siehe Kapitel »Ich«
[25] Siehe Süddeutsche Zeitung, 30. 1. 2019
[26] https://www.scinexx.de/news/biowissen/bienen-koennen-rechnen/

hat. Wenn ein Mensch sein Schwergewicht im Denkzentrum bzw. dem Intellekt hat, fällt es ihm schwer, einen bestimmten Rhythmus mit den Füßen zu machen und gleichzeitig die Arme auf eine vorgegebene Weise zu bewegen. Ein Mensch mit dem Schwerpunkt im Gefühlszentrum, der sich mehr von der begleitenden Musik berühren lässt, hat dasselbe Problem. Nur ein Mensch, der ein geübtes Bewegungszentrum hat, kann diese Aufgabe meistern – allerdings hat dieser oft das Problem, die Struktur, den Ablauf der Bewegungen im Denkzentrum zu visualisieren.

Doch hinter der Idee der Zentren steckt verborgen die »klassische« Vorstellung von Körper, Seele, Geist, den drei »Körpern« des Menschen. Bennett hat diesen Gedanken in all seinen Vorträgen und Büchern ausführlich dargestellt.

Zitate

Wenn ein Mensch wirklich ein »dreizentrisches Wesen« geworden ist, dann besitzt er ein wirkliches »Ich« oder einen eigenen Willen. Ein dreizentrisches Wesen verfügt über die gleichen Möglichkeiten wie der »Verwirklicher alles Existierenden« und ist daher etwas sehr Hohes, weit entfernt vom gewöhnlichen Zustand des Menschen. So wie es um uns steht sind wir nicht nur unfrei, sondern auch *aus dem Gleichgewicht. (IW, 89)*

Um sich selbst zu transformieren, müssen sich im Menschen die drei Welten Wille, Sein und Funktion verbinden. Nur in einer Arbeit, die einen individuellen Willen realisiert, ein zusammenhängendes Sein herstellt und eine Vielfalt von Funktionen koordiniert, kann er zu dem werden, was er sein soll. Das ist die wirkliche Bedeutung des Ausdrucks »dreizentrisches Wesen«: die Ganzheit des Menschen leitet sich aus jeder der drei Welten ab, und in einem Menschen, der transformiert ist, arbeiten sie nicht länger getrennt voneinander, sondern wirken zusammen als eine Einheit. (IW, 91)

Der Mensch als dreihirniges Wesen besitzt drei verschiedene Arten von Intelligenz, denn jedes Gehirn ist auf seine eigene Weise intelligent. *Das Gehirn ist das Sein des jeweiligen Zentrums* und ermöglicht es dem Willen, den wir selbst niemals erkennen oder wahrnehmen können, zur Wirkung zu kommen. Jedes Gehirn erkennt, funktioniert und erfährt auf eine andere Weise. Das ist es, was in uns den Eindruck oder die Erfahrung von drei fundamentalen Antrieben hervorruft. Diese Antriebe stellen nicht selbst den Willen dar – sie sind das dreigeteilte Gesicht, das wir von ihm erblicken können. Jedes Zentrum hat einen eigenen Drang. Das Denkzentrum hat den »Willen zu sehen«, den Drang, die Realität zu begreifen und zu verstehen – einen Widerhall dieses Antriebs finden wir in der Neugierde wieder. Das Gefühlszentrum hat den »Willen zu sein«, den Drang, mit sich und der Welt eins zu werden, was auch ins Gegenteil umschlagen kann, in Eitelkeit. Das Bewegungszentrum hat den »Willen zu leben«, den Drang zu tun und einen Halt im Leben zu gewinnen. Über diese Antriebe können wir spiritualisiert werden. Durch sie können die Welten der Funktion, des Seins und des Willens zu einer einzigen Realität verschmelzen: die Welt der Funktion durch das Bewegungszentrum, die Welt des Seins durch das Gefühlszentrum und die Welt des Willens durch das Denkzentrum und alle drei zu einer Einheit. (IW, 93)

Es ist nicht unmittelbar einsichtig, welche Form die Körper- oder Bewegungsintelligenz annehmen kann. Unsere Schwierigkeit, uns die Intelligenz des Körpergehirns vorzustellen, rührt daher, dass wir annehmen, sie müsse der Intelligenz des Denkgehirns irgendwie ähneln. Sie gleichen sich aber ganz und gar nicht. Das Bewegungsgehirn ist im Rückenmark mit Teilen des Nervensystems verbunden und auch mit einzelnen Partien des Kopfgehirns, die aber nicht auf die gleiche Weise arbeiten wie jene Teile, die bei den geistigen Verknüpfungen eine Rolle spielen. Unsere Denkintelligenz ist sehr damit beschäftigt, Vergangenheit und Zukunft zu verbinden, was kein Teil der Erfahrung des Bewegungsgehirns ist. Die Körperintelligenz ist fast völlig mit der unmittelbaren Gegenwart beschäftigt. Sie macht keine Pläne. (IW, 94)

Unser Bewusstsein kann sagen: »Ich will an diesen oder jenen Ort gehen«, aber es ist die Intelligenz des Körpers, die uns dort hinbringt, die das Auto fährt, auf die Straßenverhältnisse reagiert, sich der Umgebung und der Maschine anpasst, die uns transportiert. Die Absurdität liegt darin, dass die meisten Menschen das Bewegungszentrum, nur weil es nicht tagträumt, für unbewusst zu halten! (IW, 95)

Die Fähigkeit zum kreativen Handeln ist ganz eng mit unseren Händen verknüpft. Unsere Hände sind bemerkenswerte Instrumente. Kein anderes Tier verfügt über etwas annähernd so vielseitig Verwendbares. Fast alle unsere Fähigkeiten, etwas zu machen, beruhen auf diesem Instrument. Es ist auch sehr auffallend, dass der grundlegende Unterschied zwischen dem *homo erectus* und dem *homo sapiens,* der heutigen Form des Menschen, nicht in der Kapazität des Gehirns liegt, sondern in den anatomischen Bedingungen für die Sprache.[27] (IW, 96)

Die wirkliche Macht des Gefühls liegt in der Fähigkeit, direkt wahrzunehmen, wie die Dinge sind. Dies geschieht nicht durch Sehen, Hören oder Wissen, sondern dadurch, dass man in die Dinge eindringt; durch *Partizipation*. Selbst beim gewöhnlichen Menschen ist die Gefühlsnatur in der

---

[27] Siehe dazu ausführlich in meinem Buch *Intelligente Evolution*

Lage, in die Tiefe der Welt einzudringen, über die Körperwelt, die wir mit unseren Sinnen erreichen können, hinauszugehen und auch den Bereich, den wir mit unserem begrifflichen Denken erfassen können, zu überschreiten. (IW, 99)

Es ist beinahe unmöglich, gedanklich zu erfassen, was der Mensch wirklich ist. Erst wenn unsere Gefühle sich etwas Tieferem geöffnet haben und der gewöhnliche emotionale Hunger in uns gestillt ist, wird es möglich, zu fühlen, was die menschliche Natur ist; zu fühlen, dass sie seit vielen tausend Jahren auf diesem Planeten weilt und eine große Bestimmung damit verbunden ist. Dies geschieht erst, wenn sich unsere Gefühlsnatur dem Wirken höherer Energien öffnet. Ein richtiges Funktionieren unserer Gefühle ist so wichtig, dass wir die Transformation des Menschen eigentlich gleichsetzen können mit einer Transformation der Gefühlsnatur. (IW, 101)

Das Kopfgehirn ist das, welches wir am besten zu kennen glauben, aber selbst Spezialisten, die viele Forschungen darauf verwendet haben, verstehen seine wirkliche Macht nicht. Der Grund ist, dass es unterschiedlich arbeitet, je nachdem, auf welcher Energiestufe es gerade operiert. Deshalb reicht es nicht aus, dieses Gehirn auf der gewöhnlichen Ebene der Funktion zu untersuchen. (IW, 103)

Wenn wir lernen, diesen tollen Apparat, den wir als »Denken« bezeichnen, zu nutzen, kann etwas Produktives dabei herauskommen. Denn der gleiche assoziative Mechanismus, der uns in Träumen gefangen hält, kann uns auch bei der Arbeit helfen: Wir können ihn dazu bringen, eine Idee vor uns aufrechtzuerhalten, ein Bild dessen, was wir sein könnten. (IW, 104)

Unser Denkzentrum können wir uns als einen »sensitiven Bildschirm« vorstellen, auf den sowohl verbal wie auch visuell aus verschiedenen Quellen Bilder geworfen werden. Die Nützlichkeit dieser Bilder für unser Verstehen und unsere Fähigkeit, Kontrolle über sie auszuüben, hängt von den beteiligten Energien ab. (IW, 104)

Das Aufsteigen der objektiven Vernunft hängt von der Bildung dessen ab, was wir die »höheren Körper« nennen. Diese »Körper« sind die Frucht der Transformation und es gibt zwei verschiedene Arten. Außer dem physischen Körper, der der Träger der menschlichen Funktionen ist, kann es in der Welt des Seins eine Materialisierung geben, die Gurdjieff den *Kesdjan-Körper* nennt und ein Vehikel des Willens, das er einfach den *höheren Seinskörper* nennt. Von der Formierung des Kesdjan-Körpers hängt es ab, wenn ein Mensch sein Denken ordnen will. Von der Formation des höheren Seinskörpers hängt es ab, ob in ihm die objektive Vernunft aufsteigt. (IW, 106)

Obwohl also Denken, Fühlen und Bewegen alle gleichermaßen Funktionen sind, können wir doch das Denkzentrum als Stellvertreter des Willens, das Gefühlszentrum als Stellvertreter des Seins und das Körperzentrum als Stellvertreter der Funktion bezeichnen. Sie sind fähig, die universale Realität der drei Welten von Funktion, Sein und Wille in die individuelle Realität zu überführen. Diese individuelle Realität ist die vierte Persönlichkeit im Menschen, sein »eigenes Ich«, seine *Ganzheit*. (IW, 111)[28]

Der Körper ist ein Werkzeug, der Transformationen in uns ermöglicht, die für unsere Freiheit notwendig sind und um uns für die Möglichkeit zu festigen, auf eine andere Weise zu existieren. (Sunday Talks, 69)

In der Werkstatt des Körpers kann ein besonderer »Apparat« hergestellt werden, durch der Mensch zu einer Erneuerung seiner Existenz unabhängig vom physischen Körper befähigt ist. Dieser Apparat der Erneuerung wird manchmal Astralkörper oder *Kesdschan*-Körper genannt, der »Körper der Seele« - nicht die Seele selbst,[29] aber ihre Grundlage. (Sunday Talks, 69)

---

[28] Das Zitat findet sich auch im Kapitel über »Ich«, aber passt natürlich auch zu diesem Kapitel...

[29] Siehe auch Kapitel »Seele«. Daher ist die Integration der drei Zentren so wichtig.

Energien

Für Bennett sind bestimmte Energien – insbesondere die sensitive, die bewusste, die kreative Energie – grundlegend für die Transformation des Menschen. »Die Idee der Energien kann uns weiterhelfen, das *Sein* zu verstehen, wenn sie auch nicht alles umfasst. Sie vermittelt vor allem ein Bild der verschiedenen Ebenen und davon, dass Dinge auf qualitativ verschiedene Weise existieren. Leben kann zum Beispiel nicht mit funktionalen Begriffen allein verstanden werden. Es gibt eine *Qualität des Lebendigseins*«. (IW, 46)

Da Bennett lange in der Kohleforschung als mathematischer Physiker tätig war, kam er auf die Idee, dass Gurdjieffs »Wasserstoffe« (siehe ASW, Kapitel 9) als Energien bezeichnet werden können, weil wir so auch eine Möglichkeit haben, den Begriff mit unseren Erfahrungen in Verbindung zu bringen. Jede der zwölf Energieformen hat drei Eigenschaften: Qualität, Quantität und Intensität, die Gurdjieffs Triaden von Kohlenstoff, Sauerstoff, Stickstoff entsprechen, die dort einen jeweiligen Wasserstoff ergeben. »Die Qualität oder ihre innewohnende Charakteristik einer Energie [also z. B. bewusste Energie] beschreibt den Zweck für den eine bestimmte Energie das Instrument sein kann. Wir können beobachten, dass jede Energiequalität erkannt werden kann als a) das Medium, in dem es wirkt, b) als die Form ihrer Aktion und c) als Ergebnis dieser Aktion.« (DU II, 219)

Ich gehe hier nicht weiter darauf ein, weil man zum tieferen Verständnis die entsprechenden Erläuterungen nachlesen sollte, z. B. in *Die inneren Welten des Menschen*, Kapitel 2. Wer etwas über das Grundkonzept weiß, kann viele Phänomene und Erfahrungen besser einordnen und verstehen.[30] Ich werde im Folgenden einige wesentlichen Zitate von Bennett bringen, die auch allgemein auf die Bedeutung der für die menschliche Erfahrung wesentlichen Energien hinweisen.

Zitate

Wenn wir an Energien und »Lebensenergien« denken, besteht trotz aller Warnungen die Gefahren, dass wir sie uns als eine Substanz vorstellen, die in den Dingen enthalten ist wie Wasser in einer Flasche. Die Vorstellung kommt dem wirklichen Sachverhalt so nahe, dass sie fürchterlich irreführend ist. Denn das, was wir erblicken, ist nicht der Behälter der Energie, sondern der Behälter des Materials, in dem die Energie konzentriert ist. Objekte und die damit verbundenen Energien können nicht getrennt gesehen werden. (IW, 47)

---

[30] Siehe dazu auch mein Buch *Der Wunderland-Effekt*

Indem wir lernen, mit Energien umzugehen, können wir Dinge tun, die sehr schwer auszuführen wären, wenn wir bloß den Wunsch hätten, sie zu tun, oder »versuchen« oder »fühlen« wollten, eine Sache durchzuführen. Selbstkontrolle allein durch den Versuch, sich zu ändern oder sein Verhalten zu korrigieren, ist bei weitem mühsamer und unwirksamer. (IW, 57)

Um etwas zu tun, brauchen wir die richtige Art von Energie, und diese muss in der richtigen Form zur Verfügung stehen. Das heißt aber noch nicht, dass wir wüssten, was diese Energien sind. In der Welt der Energien wissen wir nicht, womit wir es tatsächlich zu tun haben. Viele Leute begehen den Fehler, dass sie versuchen, die verschiedenen Energien zu »kennen«. Alles, was wir beobachten können, sind verschiedene Funktionsweisen, aus denen wir ableiten können, dass verschiedene Arten von Energien anwesend sind, die selbst nicht beobachtet werden können. (IW, S. 58)

Energien selbst haben keinen festen Platz; aber um sich gegenseitig beeinflussen zu können, müssen sie in einem Körper enthalten sein. Ein Körper, der Energie für eine Reihe von Transformationen enthält, ist selbst wieder die Energie, die in einem anderen Körper für weitere Transformationen enthalten ist. (IW, 60)

Alles, was in diesem Universum existiert, ist deshalb so, wie es ist, damit verschiedene Energiequalitäten gespeichert werden und die zur kosmischen Ökonomie nötigen Energietransformationen stattfinden können. (IW, 60)

Bestimmte Energien sind mit der physiologischen Funktion der Lebewesen verbunden und verleihen diesen die besonderen Qualitäten des Lebendigen. Sie alle unterliegen der Transformation. Es gibt auch Energien, die mit unseren psychologischen Funktionen verbunden sind und die ebenfalls der Transformation unterliegen. Dann gibt es noch höhere Energien, die auch transformiert werden müssen. Alles – von den Felsen, den Steinen und der Erde aufwärts zu den Pflanzen, über wirbellose Tiere und Wirbeltiere weiter bis zum Menschen und darüber hinaus – muss seine ihm zugeteilte Rolle im kosmischen Prozess der Energietransformation spielen. (IW, 61)

Der Mensch verfügt über das Potenzial, Energien zu transformieren, die von anderen Lebensformen und leblosen Dingen nicht transformiert werden können. Zu lernen, wie diese Energietransformationen vollzogen werden, ist die gleiche Arbeit wie das Erlernen der eigenen Transformation, die eigene »Selbst-Erschaffung«. (IW, 62)

Die Transformation, die uns *Sein* verleihen kann, wird auch für den Ablauf der Welt benötigt. Darin liegt eine Verpflichtung des Menschen, die keiner anderen Form des Lebens auferlegt ist. (IW, 63)

Energien sind nicht wie Körper, sie sind nicht so getrennt und verschieden voneinander wie Körper. Besser ist es, die Skala als eine Folge von Gradstufen zu sehen, innerhalb derer jede Energie fließend in die nächste übergeht. Jede Energieebene wird durch die nächsthöhere Ebene gestaltet und durch die nächst tiefere aufgelöst. Auf diese Weise können wir ihre Unterschiede wahrnehmen. (IW, 67)

Wenn wir einzelne Arten von Lebewesen ausrotten, liegt darin ein großes Risiko für uns, da wir dann die Rolle übernehmen müssen, die diese Wesen innerhalb der Transformation innehatten. Denn alles Lebendige, auch der Mensch, ist Mächten unterworfen, die die Transformation der Energien auf der Erde regeln. (IW, 76)

Jeder Mensch glaubt, Gefühle zu haben, in Wirklichkeit besitzen die meisten Menschen sehr wenig Sensitivität in ihrem Gefühlsleben. Alles bleibt in einem engen Kreis von Reaktionen eingeschlossen. (IW, 78)

Die bewusste Energie ist eine kosmische Energie, deshalb sind wir nicht in der Lage, sie in uns selbst *herzustellen. Sie* geht nicht direkt aus Anstrengungen hervor, wie die Sensitivität. Wenn wir mehr über die Transformation der Energien lernen, werden wir schließlich verstehen, dass beim Erwachen des Bewusstseins immer eine spontane Komponente mitspielt. Dies ist der Grund, warum der Akt der freiwilligen Aufmerksamkeit, der das Bewusstsein weckt, seinem Wesen nach kreativ ist. (IW, 80)

Die kreative Energie liegt jenseits *unserer* Reichweite, doch wir befinden uns nicht außerhalb *ihres* Zugriffs. Wir können Instrumente sein, durch die die kreative Energie in der Welt handelt. Sie ist die höchste Energie, die im Menschen wirken kann. Der entscheidende Unterschied zwischen einem Menschen und einem Tier ist vielleicht der, dass der Mensch mit der Möglichkeit ausgestattet ist, ein bewusstes Instrument der Kreativität zu sein. (IW, 83)

Die kreative Energie ist die Energie, die uns Freiheit gibt und uns ermöglicht, uns selbst zu erschaffen. Sie ist die Energie, durch die wir in die Lage versetzt werden, freiwillige Aufmerksamkeit zu erzeugen. (IW, 83)

Energien sind nur *Kräfte*, die Wirkungen haben. Um sie zu nutzen, ist *Wille* und *Sein* notwendig, das die Kräfte vermittelt und trägt. (Energien, 112)

Wir sind von »Lebensenergien« umgeben und unsere Existenz hängt ganz von ihnen ab. Die gewöhnliche Befriedigung des Lebens hängt von der Umwandlung der Energien ab. Die Kontrolle dieser Transformationen ist eine hochgradig technische Sache. Wenn etwas falsch läuft, werden wir krank und rufen den Arzt: aber rechter Gebrauch der Lebensenergie ist weit mehr als die Vermeidung einer Krankheit. Die Fähigkeit, seine Arbeitskraft voll auszuschöpfen und auch Freude im Leben zu erfahren, hängt davon ab, die richtigen Energien an der richtigen Stelle zur Verfügung zu haben. Wie wenig kennen wir die erforderlichen Techniken dafür! (Energien, 10)

Wenn die Energietransformation uns deshalb in jeder Lebensphase angeht, sollten wir weise sein, alles in unserer Macht stehende zu tun, damit wir die Energien besser verstehen lernen. Es reicht nicht, nur theoretisch daran zu gehen, denn Energien sind Arbeitskräfte und erst sekundär eine Information. Dies gilt für alle Energien: für die psychischen und spirituellen, wie für die physikalischen und vitalen Energien. (Energien, 12)

Die erste Energie, die wir selbst beherrschen können, ist die Energie der Empfindung [sensitive Energie]. Es ist durch eigenen Willen möglich, die Empfindung im Körper zu steuern und zu jedem Körperteil zu leiten, an wir sie haben wollen, sie dort zu konzentrieren und sie von einem Körperteil zu einem anderen zu bewegen.[31] Ich versichere Ihnen, dass diese eine großartige Hilfe für alles ist, was wir hier tun. Meiner Erfahrung nach gibt es keinen anderen Ersatz für diese Übung. (Intentions and Will[32])

Menschen, die nicht gelernt haben, ihre Körperempfindungen zu steuern, haben große Nachteile darin, andere spirituelle Übungen durchzuführen, die dazu beitragen, nicht nur den Körper zu beherrschen, sondern auch ihre Gedanken und Gefühle. Ich dränge alle von Ihnen, denen das neu ist, mit der Übung durchzuhalten.... Sie sollten das jeden Tag üben, sogar mehrere Mal am Tag, um die Kontrolle über die Empfindung zu verstärken. Sie werden herausfinden, dass Sie sich die Dinge ohne diese Übung unnötig schwer machen. (Intentions and Will)

---

[31] Bennett bezieht sich hier auf die Empfindungsübung, die in meinem Gurdjieff-Praxisbuch 1 beschrieben wird.

[32] *Intentions and Will*, unveröffentlichter Vortrag von 1973, gehalten in der Kensington Library, London

Freiheit

Bei der menschlichen Transformation geht es nicht nur um die Selbstentfaltung, es geht auch darum, innerlich frei zu werden, frei von den Verhaftungen an die eigene »Persönlichkeit«,[33] die ganz mit dem »weltlichen Leben« identifiziert ist. Es ist eine »Befreiung« von den äußeren Abhängigkeiten des Lebens, um so das eigene Leben und Schicksal selbst zu gestalten. Die Sufi-Aussage »in der Welt, aber nicht von der Welt« sagt das treffend. Selbstverständlich ist es weiterhin notwendig, die »Butter auf das Brot« zu verdienen und somit eine Erwerbsarbeit zu haben, ebenso wie Lebensgefährten, Familie, Freunde und alles, was mit dem »gewöhnlichen Leben« zu tun hat.

Das Problem dabei ist, dass die meisten Menschen unbemerkt in Zwänge, Abhängigkeiten und Verpflichtungen geraten, sich mit ihrem Umfeld, ihren Sorgen, ihren Wünschen usw. viel mehr identifizieren als es notwendig wäre. Dadurch entsteht eine innere Unfreiheit, die irgendwann nicht einmal mehr als solche wahrgenommen wird. Die materielle Welt und all ihre Anziehungen hat uns so in den Griff bekommen. Wir können gar nicht mehr ohne äußere Anreize leben. Das war schon vor Smartphone-Zeiten und Computern so, doch diese oft hilfreichen Errungenschaften haben unsere Abhängigkeiten und Identifikationen noch mehr verstärkt.

---

[33] siehe Kapitel »Persönlichkeit«

Bennett sagt dazu: »Wahre Freiheit ist so selten in unserer menschlichen Erfahrung, dass wenige Leute auch nur ihren Geschmack erkennen können. Wenn wir frei sind, leben wir im gegenwärtigen Augenblick.«[34]

In einigen östlichen Lehren, wie dem Buddhismus, Hinduismus, auch in der Askese christlicher Lehren wird die Idee der Freiheit anders interpretiert. Dort versucht man, durch die Abgeschiedenheit von der Welt die Befreiung von allem zu erreichen. Doch letztlich ist ein mönchisches Leben ohne äußere Abhängigkeiten »äußerlich« auch nicht ganz frei. Irgendwie muss für den Lebensunterhalt, die Nahrung, ein Dach über dem Kopf gesorgt werden, Bettelmönche müssen sich auf die Spendenbereitschaft anderer Gläubiger verlassen, die ihnen etwas in ihre Bettelschale geben, das die arbeitenden Menschen erworben haben. Christliche Mönche leben zwar in *reclusio*, aber sie arbeiten auch, um ihre Lebensmittel herzustellen.

Beim Gurdjieffschen »Karma-Yoga«[35] wird die »Arbeit an sich selbst« geradezu mit dem Leben in der äußeren Welt kombiniert, die ständig »Material« dafür bietet, an sich selbst, an den eigenen Schwächen, mit Selbstbeobachtung, Aufmerksamkeit und vielem mehr zu arbeiten, um die innere Freiheit zu erlangen. Die Herausforderung dieser Methode scheint mir größer zu sein als der bloße Rückzug in eine Höhle des Himalaya.

---

[34] Transformation, 42, siehe auch das Kapitel »Der gegenwärtige Augenblick«
[35] Karma bedeutet übersetzt »Aktion, Handeln«.

Zitate

Freiheit ist ein herrlicher Seinszustand, in dem nicht weniger als die Möglichkeit zu einem schöpferischen Akt beschlossen ist. Wahre Freiheit ist so selten in unserer menschlichen Erfahrung, dass wenige Leute auch nur ihren Geschmack erkennen können. Wenn wir frei sind, leben wir im gegenwärtigen Augenblick. Wir sind weder an die Folgen der Vergangenheit gebunden, noch haben äußere Einflüsse Gewalt über uns. Freiheit ist fast das Allerkostbarste im Leben. (TF, 42)

Wie können wir Freiheit verstehen, wenn wir nicht verstehen, auf was sie sich bezieht? Wir reden über Freiheit, aber welcher Teil von uns kann frei sein? Wenn wir das wüssten, wüssten wir, was Freiheit ist. ... Welche Bedeutung hat das Wort Freiheit noch außer dem Fortfall irgendeiner Einengung? Wenn man etwas finden könnte, von dem sich sagen ließe, dass es frei ist, nicht *frei von etwas*, sondern einfach *frei*, dann wüssten wir eher, was dieser zentrale Punkt enthalten sollte. (SP, 158)

Wenn wir in diesem Leben einmal das Gebiet betreten haben, in dem das Sein sich verwandelt, wird der Tod die Aktion nicht mehr beenden können und wir haben die Möglichkeit, in die kreative Welt einzutreten, die Welt des

wirklichen »Tuns«. Wenn wir wirklich nach Freiheit streben, müssen wir bereit sein, sie über alles andere zu setzen.
(IW, 55)

Die kreative Energie ist die Energie, die uns Freiheit gibt
und uns ermöglicht, uns selbst zu erschaffen. Sie ist die
Energie, durch die wir in die Lage versetzt werden, freiwillige Aufmerksamkeit zu erzeugen. Wenn wir versuchen,
aufmerksam zu sein, bemerken wir, dass dies kaum in
unserer Macht steht. Es entzieht sich uns, wie angestrengt
wir es auch versuchen. Dies zeigt uns unser tatsächliches
Ausmaß an Freiheit. Die kreative Energie ist die Energie
des »Ich«, und nur dann, wenn sich der Wille mit dieser
Energie verbindet, haben wir Macht. Ein Mensch wird erst
dann zum freien Individuum, wenn er die Arbeit der
kreativen Energie mit seinem Alltagsleben verbunden hat.
(IW, 83)

Die Freiheit ist keine Eigenschaft des Menschen, er muss sie
erst selbst in sich entstehen lassen. Das ist das Ziel der
Arbeit an sich selbst. (IW, 86)

Die Freiheit des Wesens ist keine Freiheit von äußeren
Zwängen, sondern die Freiheit, das zu sein, was wir sind –
substanzielle Freiheit. (IW, 233)

Die wirkliche Freiheit des Menschen liegt nicht nur in der Fähigkeit, sich selbst zu sein, sondern ebenso in der Fähigkeit, nicht sich selbst zu sein – d. h. fähig zu sein, sich selbst an die Stelle anderer Menschen zu versetzen. (IW, 235)

Selbst Gott kann dem Menschen nicht die Freiheit geben. Freiheit muss verwirklicht werden. (IW, 197)

Ich würde sagen, dass wir so lange Frieden haben können, wie wir innerlich frei sind, aber um dauerhafte Freiheit zu erreichen, müssten wir einen so hohen Preis bezahlen, den kaum jemand zu zahlen bereit wäre, nicht einmal im Traum. Die Menschen dursten nach Freiheit und glauben, sie sei billig zu haben. So ist es nicht. Der höchste Preis, den die Menschen zu zahlen bereit sind, würde vielleicht ausreichen, um ein Zehntel Freiheit zu erwerben und sie würden neun Zehntel versklavt bleiben. (Risiko, 91)

Falls wir uns als verantwortliche Wesen betrachten sollten, mit der Fähigkeit das Leben einigermaßen selbst zu gestalten, muss es eine gewisse wirkliche Freiheit geben. Wirkliche Freiheit aber bedeutet Spontaneität – etwas, das nicht von irgendeiner vorhergehenden Ursache hervorgebracht worden ist. Gerade dieser Umstand, dass wahre Freiheit spontan sein muss, macht jenen Menschen so viel

Schwierigkeiten, die nur deterministisch denken können. (Risiko, 107)

Wir *müssen* frei sein, wenn wir Verantwortung tragen sollen. Es wäre sinnlos Fragen zu stellen und Antworten zu suchen ... wenn wir nicht fähig wären, aus eigenem freien Willen die Folgen unseres Tuns zu beeinflussen. (SP, 237)

Gewisse östliche Lehren[36] erklären Nirwana zum Höhepunkt und Ziel der geistigen Entwicklung des Menschen. Nirwana ist ein Zustand reiner Kreativität, aus dem alle äußeren Formen geschwunden sind, wo man aber auch keinen Anforderungen der geistigen Welt gegenübersteht. Nirwana ist ein Punkt der Stille, ein Punkt unendlicher Freiheit, ein nicht bedingter Zustand, der fälschlich für das Ziel gehalten werden kann. In diesem Zustand kann der Mensch erschaffen, was immer er will; aber es ist eine völlige Illusion zu glauben, das sei das Ziel des menschlichen Strebens. ... Die Wahrheit ist, dass Nirwana das Tor zu Wirklichkeit ist, aber nicht die Wirklichkeit an sich. (SP, 255)

Wenn ich sage, die Welt der Wirklichkeit sei die Welt der Tat, dann meine ich, dass sie bestimmt nicht eine Welt ist, in der man sich hinsetzt und nichts tut. (Ebenda)

---

[36] Anm. d. Hg.: Hier ist der Buddhismus gemeint.

Die Vorstellung, dass Befreiung das Ziel der Existenz sei, da Entrinnen aus dieser ewigen Unvereinbarkeit von Geist und Materie, ist eine Illusion. Es liegt etwas viel Bedeutsameres im menschlichen Schicksal. (Ebenda, 255-6)

Der wahre Lehrer stellt sich aus dem Weg und lässt die [höheren Energien] direkt auf die Schüler wirken, so dass sie von ihm frei sein können. Der falsche Lehrer macht seine Schüler von sich abhängig. (SP, 46)

Eine Übung, die ich manchmal mache, besteht darin, mich von allen Bildern und Vorstellungen zu befreien, die aus der Tatsache herrühren, dass ich einen festen Körper habe. ... Wenn Sie es versuchen, beginnen Sie, ein höchst eigenartiges Gefühl der Freiheit und der Loslösung zu erfahren. (SP, 55)

Es kann viel dabei gelernt werden, etwas »im Namen des Werks« zu tun, weil dann wirkliche äußere und innere Freiheit entstehen kann. Ich bin nicht verpflichtet, es zu tun, es gibt keinen Druck auf mich, dass ich es tue. Eine derartige Arbeit kann Ihnen dieses Gefühl äußerer Freiheit geben. Und wie bekomme ich das Gefühl innerer Freiheit? Diese resultiert aus der Art und Weise, wie ich die Arbeit ausführe. Ich benötige wache Aufmerksamkeit und mein inneres Urteilsvermögen muss klar sein, dann beginne ich einen Geschmack davon zu gewinnen, welche Art von Freiheit es geben kann, wenn ich äußerlich und innerlich frei bin, eine freiwillige Handlung ausführe. (Inner Freedom and Objective Purpose, in: Sunday Talks, 77)

Durch den veränderten Bewusstseinszustand, der bei den Sufis *hal* genannt wird, wirst du befreit. ... In diesem Zustand der Befreiung siehst du die Einheit und kannst sie sogar erfahren; doch dies ist nicht die ganze Wahrheit, weil du damit nichts tun kannst. ... Es ist ein *Samadhi*, von dem man sagen kann es ist ein »natürliches *Samadhi*«.[37] (In the Beginning, Sunday Talks, 165)

Nirvikalpa Samadhi wird ... als ultimative Befreiung angesehen, ein Zustand der Glückseligkeit, in dem alle Unterschiede verschwinden. Doch der Shivapuri Baba sagt: Das ist eine Illusion, man muss zur bewussten, substanziellen und aktiven Vereinigung mit der Quelle kommen. ... Das ist auch der Grund unserer Arbeit, es reicht nicht aus, nur nach der Erfahrung der Glückseligkeit, der Befreiung zu streben. (Sunday Talks, 162)

---

[37] Anm. d. Hg.: *Samadhi* (skr) - Ein Bewusstseinszustand, der über Wachen, Träumen und Tiefschlaf hinausgeht; und *Nirvikalpa-Samadhi*, der höchste, transzendente Bewusstseinszustand. Siehe: Lexikon der östlichen Weisheitslehren, 2005

Geist, Spiritualität

Der Begriff »Geist« wird im allgemeinen dt. Sprachgebrauch mit Bewusstsein oder Denken gleichgesetzt. Gemäß der heute weithin akzeptierten naturwissenschaftlichen Dreiteilung und Wechselwirkung von Materie, Energie und Information können diese zur klassischen spirituellen Dreiteilung des Menschen in Körper, Seele und Geist in Entsprechung gesetzt werden. Ein ergänzendes Modell beruht auf der Annahme, dass es analog dazu drei Dimensionen gibt, die im Wesentlichen durch unterschiedliche Bewusstseinszustände erfahren werden können. Alle diese drei Aspekte bilden eine Einheit, sie sind systemisch miteinander »vernetzt«, denn jede dieser drei Welten macht unterschiedliche Formen der Erfahrung und Erfahrungszustände möglich und ist nur durch unterschiedliche Bewusstseinszustände bzw. Wahrnehmungszustände erfahrbar.

Um dem Konzept von »Geist«, d. h. auch der Spiritualität näher zu kommen, ist es daher hilfreich, die Begriffe Materie, Energie und Information deutlich zu unterscheiden. Das menschliche Bewusstsein, das mit den materiellen oder natürlichen neurologischen Funktionen und so mit der Dimension der energetischen Welt vernetzt ist, transformiert geistige, nichtsinnliche Information in ein bewusstes Verstehen.

In diesem Sinne ist die eigentliche spirituelle Welt eine Welt der »Qualität«, die im Grunde keinem der menschlichen

Existenzzustände entspricht. Raum und Zeit spielen hier keine Rolle, es ist die Welt der Möglichkeit, der Intelligenz und Kreativität.[38] In religiösen Theologien wird Geist meist mit Gott gleichgesetzt. Sowohl Information als auch Geist sind weder materiell bzw. substanziell noch energetisch. Information, die über Funknetze übertragen wird, ist dadurch dennoch nicht »materiell«. Beides, Geist und Information, sind Qualitäten, die Wirkungen und Auswirkungen haben. Die geistige Qualität, die spirituelle Welt, könnte auch als »Welt der schöpferischen Intelligenz« bezeichnet werden, die keine »Substanz« hat. Die Einflüsse oder Impulse aus dieser Welt werden von Menschen nur indirekt über die körperlichen, neurologischen Funktionen wahrgenommen.

Bennett hat eine differenzierte Betrachtungsweise zu Geist, die in den folgenden Zitaten deutlich wird. Geist ist für ihn die »Welt der Qualität«, in der das »Geistige Form verleiht, aber keine Form hat, während Materie Form annimmt, aber sie nicht verleihen kann.« (SP, 190). Und die Seele des Menschen bildet die Brücke zwischen Geist und Materie, daher ist für ihn Seele und Geist nicht identisch.

---

[38] Siehe dieses Kapitel.

Zitate

Der Geist ruft immer nach der Materie, um sich mit ihr zu vereinigen, und die Materie verlangt nach dem Geist, um sich in geistigen Qualität auszudrücken. ... Der zentrale Punkt [zwischen Geist und Materie] ist der Ort, wo geistige Qualitäten und materielle Formen aufeinander treffen. Das kann geschehen, weil Formen in reinem Bewusstsein ihre größtmögliche Freiheit erlangen, und der Geist an diesem Punkt kanalisiert, zu etwas Individuellem gebündelt ist. Man kann auch sagen, es ist der Unterschied zwischen dem, was ich tue, und wie ich es tue; oder anders gesagt: zwischen der Qualität meiner Erfahrung und deren Qualität. (SP, 192)

Die Welt des Geistes ist nicht fern und unerreichbar, verborgen jenseits des Himmels oder in den Tiefen unseres Seins. Wir leben ständig in den Welten des Geistes, aber wir fühlen ihren Einfluss nur indirekt; das heißt: so lange ich hier in meinen Gedanken lebe, müssen geistige Einflüsse all diese verschiedenen Schichten durchdringen. (SP, 192)

Alle Verpflichtungen, jedes »Muss« kommt vom Geist. In der materiellen Welt gibt es keine Verpflichtungen; die Dinge sind, wie sie sind. (SP, 197)

Es gibt keine geistige Duplizität [Verdoppelung]. Alles Geistige ist einzigartig. Sie können das leicht nachvollziehen, wenn Sie sich das Wesen von Qualitäten klar machen. Jede Qualität ist, was sie ist. Es kann keine zwei identische Qualitäten geben, selbst nicht bei den Qualitäten, die materiellen Objekten anhaften, wie Farbe und Form. Es gibt die Form des Quadrats nur einmal, nur einmal die Farbe Blau. [SP, 210)

Es gibt echte geistige Qualitäten, die wir uns versinnbildlichen können wie Glaube, Liebe und Hoffnung. Ich habe sie auch »heilige Impulse« genannt. ... Sie sind heilig, weil sie geistig sind, und es sind Impulse, weil sie die Seele, die auf sie anspricht, organisieren und lenken. Wenn sich diese geistigen Qualitäten zu einem Muster fügen, bilden sie ein geistiges Potenzial. Jedes menschliche Wesen ist mit solch einem Muster ausgestattet. Das ist sein Geist. Dieses Muster muss einzigartig sein. (SP, 211)

Es wäre falsch zu glauben, dass es zwei getrennte Realitäten gibt, Materie und Geist, und dass wir zwischen ihnen zu wählen hätten. So ist es überhaupt nicht. Es gibt nur eine Realität, denn Geist und Materie sind nicht wirklich getrennt. ... Die Seele ist weder materiell noch geistig, sondern Geist-Materie. (SP 229)

Wir wissen also, dass Geist und Materie immer verschieden und doch geeint sind. Um sie zu vereinigen und etwas Neues und Andersartiges entstehen zu lassen, muss es ein drittes Element geben, das weder Geist noch Materie ist und dennoch beide zu fassen und sie in etwas Neues, Andersartiges zu verwandeln vermag. Dieses verbindende Element ist der Wille, und das neu Entstehende ist Wirklichkeit. Der Wille wirkt auf Geist und Materie, um sie zu verwirklichen. Dabei wird die »Materie vergeistigt« und der »Geist verwirklicht«. (SP, 230)

Die Wirklichkeit – der Zweck der ganzen Schöpfung – wird aus vielen kleinen Taten geschmiedet. Jede Tat, jede Handlung, die wahrhaft eine Vereinigung des Geistigen mit dem Materiellen darstellt, ist wirklich. Jeder ist zu dieser Tat fähig. (SP, 236)

Das Wort *ruh* [arab., im Hebräischen *ruach*] bedeutet nicht nur Geist, sondern auch Atem. Die Verbindung von Geist und Atem findet sich in beinahe allen Sprachen. Das ist von großer praktischer Bedeutung, weil das, was wir »bewusstes Atmen« nennen, der Weg ist, auf dem unser inneres Leben genährt wird. Damit verbunden ist die Entwicklung anderer Wahrnehmungsformen. (IW, 277)

Ich, »Das wirkliche Ich«

»Anfang November 1915 hatte ich schon einige der Grund-
gedanken über den Menschen in G's System begriffen. Der
erste Punkt, den er betonte, war *das Fehlen der Einheit im
Menschen*. 'Der größte Fehler ist', sagte er, 'zu glauben, der
Mensch sei immer ein und derselbe. Der Mensch bleibt
niemals für lange Zeit der gleiche. Er wandelt sich unauf-
hörlich',« schreibt Ouspensky in seinem Werk *Auf der Suche
nach dem Wunderbaren*.[39] Dieser Gedanke hat mich sehr
beschäftigt, als ich dieses Buch das erste Mal gelesen habe.
Einige Seiten später schreibt er: »Einer der Hauptirrtümer
des Menschen ... ist seine Täuschung in bezug auf sein
Ich. ... Der Mensch hat kein bleibendes und unveränder-
liches Ich. Jeder Gedanke, jede Stimmung, jede Begierde,
jede Empfindung sagt *Ich*. Und in jedem Fall hält man es
für selbstverständlich, dass dieses Ich *zum Ganzen* gehört,
zum ganzen Menschen... Faktisch besteht überhaupt kein
Grund für diese Annahme.«[40] Er führt Gurdjieffs Präsen-
tation dieser Idee weiter und umfangreich aus. Die Essenz
davon ist, dass es »viele Ichs« im Menschen gibt, schwan-
kende Persönlichkeitsstrukturen, die durch »zufällige
äußere Einflüsse gelenkt« werden. »Nichts im Menschen
kann diesen Wechsel von Ichs lenken.«
Demgegenüber stellt er das »einzige Ich«, das Bennett als

---

[39] ASW, 75
[40] ASW, 84

»wirkliches Ich« bezeichnet. Ouspensky: »An Stelle von zwiespältiger und oft gegensätzlicher Tätigkeit verschiedener Begierden gibt es nur ein *einziges Ich*, ganz, unteilbar und dauernd. Es besteht *Individualität*, die den physischen Körper und seine Begierden meistert und fähig ist, sowohl sein Zögern als auch seinen Widerstand zu überwinden. An Stelle des mechanischen Denkvorgangs steht das Bewusstsein. Und ferner gibt es den Willen, das heißt eine Macht, die ... dem Bewusstsein entspringt und durch eine Individualität oder ein einziges und dauerndes Ich gelenkt wird. Nur ein solcher Wille kann *frei* genannt werden, weil er von Zufällen unabhängig ist und nicht von außen verändert und geleitet werden kann.«[41]

Ich habe diese Aussagen deshalb so ausführlich zitiert, weil hier ganz deutlich wird, um was es bei der Lehre von Gurdjieff – und auch der von Bennett, der diese weiter ausgeführt hat – geht: »Die Arbeit an sich selbst« hat nicht nur psychologische Aspekte, ihr Ziel ist es, dieses *Ich* im Menschen zu wecken, damit es die »Kontrolle« über unser Leben bekommt – so dass wir eine innere Freiheit erlangen,[42] die über das gewöhnliche Leben zur harmonischen Entwicklung des ganzen Menschen führt. Das Ich ist der Wille, durch den sich die schöpferische Kraft ausdrückt.

Bei all dem geht es auch um die »Fähigkeit zu tun«. Das bedeutet, willentlich vom Ich aus zu handeln, kreative Entscheidungen zu treffen und diese auch durchzuführen,

---

[41]   ASW, 60
[42]   Siehe Kapitel »Freiheit«

trotz aller Hindernisse, die dabei im Weg stehen. Die Trennlinie zwischen einer »Persönlichkeitsentscheidung«, eine, die von einem der vielen Ichs getroffen wurde, oder einer Entscheidung des wirklichen Ichs ist manchmal schwer zu unterscheiden. Doch meist wissen wir innerlich, was »richtig« oder »falsch« ist – nicht im Sinne gewöhnlicher Schwarzweiß-Ansichten, sondern von einer tieferen Einsicht in die »Richtigkeit einer Handlung«. Anthony Blake, ein enger Mitarbeiter von Bennett, der viele seiner Vorträge auch in Buchform gebracht hat, schrieb in seinem Buch *Intelligenz Jetzt*[43]: »Eine Handlung ist nur dann wirklich intelligent, wenn sie, ganz gleich, was vor sich geht, angehalten werden kann.«

Die Bewusstseinsenergie erzeugt immer ein Gefühl des »Ichs«, wie Bennett ausführt. Da die nächste Transformation über das Bewusstsein hinausführt, haben viele Menschen Angst davor, insbesondere auch, weil sie ahnen, dass sie dabei ihr »persönliches Ich« verlieren oder aufgeben müssen.

Eine willentliche, d. h. vom wirklichen Ich initiierte Handlung kann geübt werden. Bennett hat uns in seiner Akademie eine Übung gelehrt, »die Entscheidungsübung«.[44] Man sollte sich vor dem Einschlafen eine konkrete Handlung visualisieren, diese morgens, am Besten nach der Morgenübung[45] noch einmal bestärken und sie dem »Ich« übergeben, und dann konnte sie »vergessen« werden. Ich

---

[43] Südergellersen 1990, Verlag Bruno Martin
[44] Siehe mein *Gurdjieff Praxisbuch*
[45] ebenda

erlebte mehrfach, dass mich plötzlich während des Tages eine innere Kraft ergriff, die mich genau zu dem führte, was ich mir vorgenommen hatte. Erst dann erinnerte ich mich, dass ich diese Entscheidung getroffen hatte. In meinen Gruppen und Seminaren habe ich diese Übung gelegentlich auch eingeführt und viele entsprechenden Erlebnisse hinterher geschildert bekommen. Selbstverständlich sollte die Arbeit an der eigenen Transformation dahin führen, dass wir auch ohne solche Übung immer mehr in Kontakt mit dem »wirklichen Ich« kommen, das uns dann im Leben führt.

Es gibt noch viel zu diesem Thema zu schreiben, doch der Sinn dieses Buches ist, dass wir den »Originalton« von Bennett lesen...

Zitate

Wir haben das »Ich« dem Willen gleichgesetzt. In diesem Sinne wäre es richtig, zu sagen, dass jeder von uns ein »wirkliches Ich«, einen Herrn hat, dieses aber nur in *latentem* Zustand vorhanden ist. Unser »eigenes Ich« ist nicht allein der Wille, sondern die Verwirklichung des Willens in dem, was wir sind und dem, was wir tun. In dieser Verwirklichung liegt unsere eigene Realität. Ohne diese sind wir nur eine Anhäufung von Teilen, die früher oder später unvermeidlich zerfällt. (IW, 110)

Obwohl also Denken, Fühlen und Bewegen alle gleichermaßen Funktionen sind, können wir doch das Denkzentrum als Stellvertreter des Willens, das Gefühlszentrum als Stellvertreter des Seins und das Körperzentrum als Stellvertreter der Funktion bezeichnen. Sie sind fähig, die universale Realität der drei Welten von Funktion, Sein und Wille in die individuelle Realität zu überführen. Diese individuelle Realität ist die vierte Persönlichkeit im Menschen, sein »eigenes Ich«, seine *Ganzheit*. (IW, 111)

Die Ganzheit des Menschen ist gleich der Einzigartigkeit seines Willens, der Einheitlichkeit seines Seins und der Harmonie seiner Funktionen. Die Einheit von Funktion, Sein und Wille ist der innewohnende »göttliche Funke« in uns. (IW, 111)

»Ich« ist das, was wir »Willen« nennen und was wir für den Urheber all unserer Taten halten. In diesem Sinne ist das »Ich« eine Illusion und wir täuschen uns selbst. Jeder zufällig aufkommende Impuls, jedes zufällig aufsteigende Verlangen, jedes momentane Gefühl tritt als »Ich« verkleidet in Erscheinung. Alle Beweise sprechen für Gurdjieffs Schlussfolgerung, dass der Mensch viele »Ichs« hat und nicht über einen einheitlichen Willen verfügt. (IW, 40)

»Ich« ist der Wille, doch niemand hat je sein eigenes »Ich« gesehen. Auf die Frage: »Aber wo ist dann das ‚Ich'?« gibt es keine Antwort. Ein zutreffendes Bild für unseren Willen ist das Irrlicht, das nicht greifbar ist. Zum einen lässt sich sagen, dass in jedem von uns Wille ist – wir können aber auch sagen, dass in jedem Teil von uns Wille ist. In unserer Stimme zum Beispiel. Häufig sprechen wir nicht, weil wir uns dies absichtlich vorgenommen hätten, sondern weil in unserem Stimmapparat der Wille steckt, diesen zu benutzen. Mit den entsprechenden Impulsen des Gehirns versehen, wird unsere Stimme selbsttätig reden. (IW, 41)

Die Tür zu dieser universalen Welt ist das »wirkliche Ich«, das für uns zur Zeit erst eine Möglichkeit darstellt. Das »Ich« ist der unberechenbarste Punkt in der Welt. Weil das wahre Selbst ein Ganzes ist, kann es unter die Autorität des »Ich« kommen, aber hier liegt eine große Ungewissheit. Das wahre Selbst kann sich mit dem »Ich« als *einer separaten Wirklichkeit* identifizieren. Das ist *Egoismus*. Es ist nicht dasselbe wie die Selbstsucht und Selbstliebe unseres gewöhnlichen Zustandes. Der Mensch mit einem »Ich« besitzt wirkliche Macht. Wenn er sich als Selbstzweck ansieht, als Zentrum des Ganzen, verfügt er über die Macht, Schreckliches in der Welt anzurichten. (IW, 135)

Das wahre Selbst ist ein »Vehikel des Ich«. Es gibt Einflüsse, die *von innen* heraus auf unser Leben wirken und die auf der Ebene dieses Selbst ihren Ursprung haben. Im gewissen Sinne kommuniziert unser eigenes »Ich« mit uns, wenn auch nur in einem geringen Grad. Die wirkliche Suche nach der eigenen Realität beginnt beim wahren Selbst, auch wenn wir uns der Aktion, die da stattfindet, nicht bewusst sind. (IW, 137)

Die Wohnung des »Ich« ist keine gewöhnliche Wohnung, weil sie ... weder Ausdehnung noch Größe hat. Dennoch bin »Ich« eins mit meiner Seele... (SP, 176)

Erstens können wir sagen: Ich bin »Tun«; ich bin in meiner Tat; durch mein Tun schaffe ich die Wirklichkeit, die sowohl Quelle als auch Beweis meines »Ichs« ist. Oder: Ich bin der Seher, ich bin der Macher; ich bin derjenige, der meine Erfahrungen erfährt; ich bin nicht das Sehen, noch bin ich das, was gesehen wird; ich bin aber derjenige, der das Sehen mit dem Gesehenen verbindet. Oder: Ich bin das Innerste; es gibt nichts innerhalb des »Ich«; ich bin in allem. Oder: Ich bin »Wille«; was ich bin, das will ich; was ich will das bin ich. Und zuletzt noch Gurdjieffs Formel: »Ich kann – ich wünsche – ich bin. Ich kann wünschen. Ich bin kann. (SP, 231)

Wenn Wunsch und Können harmonisiert sind, dann erst »Bin Ich«. Das ist die Vereinigung des männlichen und weiblichen Prinzips in unserer eigenen Natur. Das erlaubt uns eine weitere Formulierung für das »Ich«, nämlich: »Ich« bin die Vereinigung von »Ich kann« und »Ich wünsche«. (SP, 235)

Die Macht zu sehen, zu urteilen und zu tun, wohnt im »Ich«. Diese Macht ist das dritte Element, das die Seele vervollständigt. Die anderen beiden sind die materiellen und geistigen Naturen ...Wenn »Ich bin«, dann ist die niedrige mit der höheren Natur in der Seele verschmolzen. Die Seele ist die Wohnung des »Ich«. (SP, 239)

Damit die Seele wachsen kann, muss sie Nahrung erhalten, und die kommt aus unseren Taten. Es ist das »Ich«, das die Seele nährt, das Haus baut und es in Ordnung bringt. In dem Maße, in dem die Seele wächst, kann sie mehr und mehr in sich aufnehmen. (SP, 240)

Die kleinen Taten von Menschen, die ein Gleichgewicht zwischen ihrer geistigen und materiellen Natur gefunden haben und deren »Ich« seinen Platz in der Seele eingenommen hat, sind mitunter wunderbar. Das heißt nicht, dass hinter diesen Taten immer bewusste Absicht stehen muss. Aber wenn wir sie bemerken, dann begegnen wir diesem Menschen in seiner Tat. Eine kleine Geste, wie das Reichen eines Stückes Brot über den Tisch, kann wichtig und unvergesslich sein. (SP, 247)

Das »Ich« kann in Fragmente zersplittern oder zu einer Einheit zusammengefügt sein. Mit »Ich-Stärke«, dem »Ich kann«, ist die Einheit gemeint. (SP, 249)

Der Mensch, der ein immer gleichbleibendes und im Zentrum verwurzeltes »Ich« hat, ist der transformierte Mensch. (SP, 250)

Es scheint mir, dass das »Ich« nicht in derselben Weise geschaffen ist, wie Geist und Materie. Es wird uns eher *gegeben*, als dass es geschaffen wurde. Im »Ich« wohnt eine Kraft, die wir Gott zuschreiben – die Kraft zu *tun*. Aber das »Ich« kann nur tun, wenn es durch *Gnade* dazu befähigt wird. Gnade allein ermöglicht dem »Ich«, jene Taten zu vollbringen, die uns in die Welt der Wirklichkeit führen. Jeder von uns hat eine »Ich«-Natur. Sie ist weder geistig noch materiell, sondern auf Tun ausgerichtet. (SP, 259)[46]

---

[46] Siehe auch *Spirituelle Psychologie*, 234 ff, Erläuterungen, die sich auch auf das Symbol in diesem Buch, S. 152, beziehen.

Die Energie des Bewusstseins erzeugt laufend das Gefühl eines »Ich« in uns. Deshalb schrecken wir vor der Möglichkeit einer Transformation in uns zurück, denn es scheint uns so, als müsse unser »Ich« dabei verloren gehen. Wir stoßen hier an die mystische Erfahrung »der dunklen Nacht der Seele«, in der wir fürchten, uns selbst zu verlieren. Nur wenn wir dieses Leerwerden in uns selbst zulassen können, kann die Energie der Einheit in uns eindringen und durch die Transformation des Bewusstseins die kreative Energie erzeugen, die die Energie unseres wirklichen Ichs ist, nicht des Ichs, das wir fühlen. Dann werden wir zu jemandem, der nach Gurdjieffs Definition »tun kann«, das heißt, wir werden unabhängige Schöpfer, werden wirklich »Gott gleich«. (IW, 86)

Ich glaube, Gurdjieff blieb bis zuletzt ganz er selbst, das heißt, er blieb seinem individuellen Muster immer treu; aber er hatte zweifellos die Fähigkeit, verschiedene Rollen ... so perfekt zu spielen, dass niemand wissen konnte, wer oder was er wirklich war. Es ist eine höchst merkwürdige Erfahrung zu sehen, wie er sich in einem Augenblick vollkommen von einer Person in eine andere wandeln konnte. Um das zu können, muss man – sagte er – sein eigenes »Ich« haben. (SP, 147)

Innere Arbeit

Wer den *Weg der Transformation* geht liest oft von »innerer Arbeit«.[47] Aber wie kann ich »innerlich« an mir arbeiten? Pjotr D. Ouspensky, einer der Protagonisten von Gurdjieffs Lehre betont: »Erkennen des Schlafs ist das einzig Wahre. Man muss Wege entdecken, wie man erwachen kann, aber zuvor muss man erkennen, dass man schläft.« Das ist zuerst einmal die größte Herausforderung: Aber wie kann man erkennen, dass man schläft? Man schläft ja und bemerkt das nicht. Wenn wir aus einem Schlaf aufwachen, bemerken wir, dass wir geschlafen haben. Doch im täglichen Leben befinden wir uns meistens im »Wachschlaf«. Wir tun Dinge, entfalten Aktivitäten, fahren Auto usw. Doch die meisten dieser Dinge können »automatisch« ablaufen, weil sie geübt und routiniert sind. Dabei sind wir immer noch nicht wirklich wach und sind so identifiziert, dass wir nicht erkennen, dass wir keinen Kontakt mit unserem inneren Leben haben. Erst wenn wir das bemerken – und das erfordert Übung der Aufmerksamkeit, überhaupt zu bemerken, dass wir im Alltäglichen verstrickt sind – können wir aufwachen. Und dann können wir daran arbeiten, diese Situation immer öfter zu bemerken.

Die innere Arbeit kann erst beginnen, wenn wir mit Hilfe der Selbstbeobachtung bemerken, dass wir schlafen. Der

---

[47] Diese Einleitung beruht auf dem Text zu diesem Thema in meinem »Gurdjieff Praxisbuch 2«, 2016.

nächste Schritt ist zu bemerken, mit wie vielen Dingen wir identifiziert sind. Es lohnt sich, einmal ganz ehrlich mit dir selbst zu sein und eine Liste über die Dinge zu führen, mit denen du dich identifiziert hast und die dir überhaupt aufgefallen sind. Die Voraussetzung dafür ist immer das Bemerken. Wenn ich nicht selbstkritisch und unvoreingenommen beobachte, was ich so tue, wie ich mich verhalte, wie ich mich fühle oder empfinde und auf andere Menschen reagiere, dann bin ich nicht in der Lage, innerlich zu arbeiten. Es ist wichtig, eine Bestandsaufnahme von mir selbst zu machen und immer wieder etwas Ungewöhnliches tun, um aufzuwachen – wenn nicht die äußere Welt mich aufweckt.

Doch innere Arbeit ist mehr als das: Jede äußere Handlung, die ich mit Bewusstheit und Aufmerksamkeit ausführe, stärkt mein inneres Wesen. Es macht einen Unterschied in uns, wenn wir jeder Handlung, jeder Aktivität eine besondere Hingabe widmen, nicht nur die normale routinierte Pflicht erfüllen und am Ende uns gar nicht mehr erinnern können, ob wir diese Sache überhaupt erledigt haben.

Jede Handlung, die mit entsprechender Absicht und aufmerksamer Hingabe durchgeführt wird, hat Auswirkungen auf die Entwicklung des inneren Seins. »Sehen Sie, diese Selbst-Entwicklung geschieht nicht zwangsläufig, nicht mechanisch, es gibt keine Garantie. Sie hängt von der Anstrengung ab. Die Menschen fragen oft: 'Aus welchem Grund arbeite ich seit so vielen Jahren und habe noch keine Erfahrung höherer Zentren gehabt?' Und ich frage sie:

'Haben Sie wirklich so viele Jahre lang gearbeitet?' Man geht von der Zeit aus, seit der man diese Ideen hört, aber man versucht nicht zu berechnen, wie viel man tatsächlich gearbeitet hat – wie viele Tage, wie viele Stunden oder Minuten täglich. Wenn man diese Berechnung durchführt, wird man sehen, dass es noch keinen Grund gibt, irgendwelche Ergebnisse zu erwarten, obwohl man vor langer Zeit davon gehört haben mag.«

Ein anderer Aspekt der inneren Arbeit sind die »inneren Übungen«. Wenn es gelingt, immer mehr Aufmerksamkeit und Achtsamkeit in die »äußeren« Aktivitäten zu bringen, kann diese Aufmerksamkeit auch besser nach innen gerichtet werden.

Anthony Blake schreibt im Vorwort zu Bennetts *Innere Welten des Menschen*: »Es wird nicht verstanden, wie eine 'innere Arbeit' exakt sein kann und genauso präzise wie jede andere Art von Arbeit. In dem, was zum Beispiel als 'innere Übungen' bezeichnet wird, die Art von Übungen, die Bennett lehrte, gibt es eine Art der Arbeit, die vollständig jeder anderen technischen Qualitätsarbeit entspricht.«

Zitate

Der versöhnende Charakter des *Werks* ist immer gegenwärtig, ob bei Anstrengungen[48] oder beim Empfangen von Hilfe. Er ist für gewöhnlich verborgen, dient aber dazu, die widerstrebenden Bewegungen der bejahenden und empfangenden Kräfte zu verbinden.

Das *Werk* hat im Wesentlichen mit Freiheit zu tun und ist darum immer unerwartet und geheimnisvoll. In unserem unmittelbaren Erleben können wir alle einen Geschmack dieser Freiheit haben, wenn wir um der Arbeit willen arbeiten, ohne einen äußeren Grund oder Druck und unabhängig von Kräften, die in unserer Psyche wirken. Sie hat dann den Charakter sexueller Erfahrung, des Spiels oder der Schönheit im gegenwärtigen Augenblick geschaffen, ohne ein Vorher oder Nachher.

Jede Tätigkeit, die wirklich im Jetzt stattfindet, gehört zum *Werk*. Ebenso jede Erfahrung, in der das Getrennte vereint wird, ohne daß Unterschiede verschwinden. Ein Sänger verwirklicht einen vollkommenen Ton, zwei Leute begegnen sich, weil sie für einen Moment leer von sich selbst waren, eine negative Emotion wird durch einen bewußten Atemzug zum Seinspartikel verwandelt – in all dem liegt die Substanz des *Werks*. (7 Linien, 29)

---

[48] Siehe auch das Kapitel »Anstrengung«

Jeder, der Selbstbeobachtung durchgeführt hat, muss sich bewusst sein, dass die Realität des *Werks* in uns durch unseren unnatürlichen Zustand des Schlafes und der mechanischen Abläufe unserer Funktionen verdeckt wird. (7 Linien, 26)

Nur durch bewusste Arbeit erfüllt der Mensch seine kosmischen Verpflichtungen. Durch die gleiche Arbeit kann er eine unzerstörbare Realität erlangen. (IW, 87)

Nur mit gewissen Methoden, einer inneren Arbeit, ist ein inneres Leben möglich; nur damit kann der Mensch dahin gelangen, die Bedeutung der zweiten und dritten Welt zu erkennen. Im gewöhnlichen Zustand sind diese Welten wohl da, aber wir sind nicht in der Lage, sie zu erkennen. Unser inneres Leben gleicht einem Traum und wir können den Unterschied zwischen der zweiten und der dritten Welt nicht einmal ahnen. (IW, 30)

Durch unsere praktischen inneren Übungen lernen wir, mit dem Material der inneren Welt umzugehen. Dieses Material besteht, ebenso wie die körperliche Welt, aus vier verschiedenen Elementen: den vier Energien Gedanke, Gefühl, Empfindung und – als vierte, auf einer anderen Ebene – Bewusstsein. In beiden Welten, der körperlichen wie der inneren, stellt das vierte Element eine Brücke zur nächst höheren Welt dar. Die Licht- oder Strahlungsenergie verbindet den Körper mit der inneren Welt. (IW, 261)

Unsere Arbeit hat eine Richtung. Diese ist nicht immer die gleiche. ... Es macht einen Unterschied, ob wir eine aktive oder eine rezeptive Rolle einnehmen. Es gibt noch einen weiteren Unterschied. ... Wenn wir mit uns kämpfen, zum Beispiel um eine Schwäche zu überwinden, findet die Arbeit in uns selbst statt und es geht um unser Sein. Wenn wir, um unserem Nächsten zu dienen, unsere eigenen Interessen hinten anstellen, geht die Arbeit in die Gemeinschaft ein, in der wir leben. (7 Linien, 31)

Die Idee der Siebenfältigkeit der Arbeit ist mehr als nur ein Konzept. Die Arbeit hat eine Struktur, die mindestens so organisiert und komplex ist, wie die eines lebendigen Wesens. Wenn wir die Linien der Arbeit betrachten, um zu erkennen, wie jede geartet ist, müssen wir uns daran erinnern, dass die Qualität und der Charakter jeder Linie von der ganzen Arbeit stammen. Es ist von Bedeutung, dass wir manchmal aktiv sein müssen ... und zu anderen Zeiten rezeptiv. ... Ohne die Vielfalt wird die Arbeit eine Illusion. (7 Linien, 36)

Kreativität, kreative Energie

John G. Bennett war ein kreativer Denker, der gewissermaßen aus dem »Nichts« neue Ideen schöpfte, was man bei
seinen Vorträgen immer wieder wahrnehmen konnte. Zum
Thema Kreativität hat er auch aus seinen eigenen Vorträgen, die er Ende der 1950er und Anfang der 1960er Jahre
gehalten hat, das Buch *Creative Thinking* zusammengestellt.
Dort fragt er: »Was sind die Bedingungen für Kreativität?«
Seine eigene Antwort: »Man muss im Medium leben.
Menschen können nicht in igendeinem Arbeitsbereich krea-
tiv sein, mit dem sie keinen wirklichen Kontakt haben.«
Das heißt, wenn jemand Schriftsteller ist, kann er nicht im
Bereich der Physik neue Erkenntnisse gewinnen – außer er
ist beides... »In diesem Sinne, müssen wir im Prozess des
Denkens sein, wenn wir kreativ denken wollen.« (KT, 3)
In Bennetts Energie-Konzept ist Kreativität und kreative
Energie gleichbedeutend.[49] Es bedarf kreativer Energie um
kreativ zu sein. Die kreative Energie ist eine »kosmische
Energie«, sie ist im Schema der Energietabelle »oberhalb«
der bewussten Energie angesiedelt. Beide Energieformen
sind nach seinem Konzept dem Menschen nicht direkt zugänglich, d. h. die Voraussetzung mit bewusster und kreativer Energie in Berührung zu kommen ist von der eigenen
Offenheit und Empfänglichkeit dafür abhängig. Kreativität

---

[49] Siehe Kapitel »Energien« und das gleichnamige Buch dazu, das er auch
selbst aus seinen Vorträgen editiert hat.

kann nach den Erkenntnissen von Bennett »nicht bewusst sein ... auch nicht die intensivste bewusste Erfahrung, die durch vielfältige Mittel oder Praktiken erzeugt wird, ist kreativ.« (Energien, 100) Die folgenden Zitate können anregen, sich mit dem Wesen der Kreativität und der kreativen Energie tiefer zu beschäftigen – und die Idee dahinter zu verstehen.

Zitate

Der Mensch hat durch seine Natur Zugang zu der kosmischen Energie der Kreativität, und diese Energie ermöglicht es ihm zu handeln, zu wirklichem Verstehen zu gelangen und die Arbeit an der Transformation zu beginnen. (IW, 115)

Die kreative Energie ... gibt uns unmittelbaren Zugang zur Wirklichkeit, während die anderen Energien uns nur indirektes Wissen über die Kanäle der Zentren [Denken, Fühlen, Körper] geben. Von dieser Eigenschaft hängt die Fähigkeit ab, auf eine »neue Weise zu sehen«, eine der Vorbedingungen der Kreativität. (Energien, 100)

Es wird gesagt, dass Kreativität zu 99% Perspiration (Schwitzen) sei und ein Prozent Inspiration – in anderen Worten, sie ist hauptsächlich harte Arbeit. Doch es gibt keinen Zweifel an einem zweiten Element in Kreativität, das wir selbst nicht kontrollieren können. Ich bezeichne es als Spontanität. (CT, 3)

Es gibt noch ein drittes Element: ich bezeichne es als »Technik«. Nehmen wir das Beispiel einer Künstlerin, eines Künstlers. Ohne die Beherrschung der Technik der Kunstform wird der Moment einer kreativen Einsicht kaum fruchtbar sein. Dasselbe gilt für einen Wissenschaftler. (CT, 4)

Die Natur des Schöpferischen ist so beschaffen, dass sie nicht von einer Person auf eine andere übertragbar ist. Sie stellt einen Bestandteil seines Wesens dar, das Werkzeug des Willens und die Quelle der Freiheit. (Meister, 42)

Wahre Kreativität hängt nicht von Beobachtung ab und auch nicht von einem Training. Sie hängt davon ab, dass sich etwas im Menschen öffnet, das nicht nur das sieht, was getan werden muss, sondern das tut, was gesehen wurde. Das bedeutet: Wahre Kreativität besteht darin, etwas zu tun und es danach zu sehen. Es ist ein Willensakt, der etwas in die Existenz bringt, das erst dadurch sichtbar wird. (The Present Moment)

Der Zugang zum [kreativem] Denken ist »nicht zu denken«. ... Sie kennen bestimmt den mentalen Trick, der darin besteht, jemanden zu fragen, wie lange sie/er nicht an einen weißen Elefanten denken kann – und sobald dieser Mensch das versucht, wird er es für unmöglich halten. (CT, 6, 7)

Wirkliches [d. h. kreatives] Denken ist das spontane Auftreten der inneren Bewusstwerdung eines Bildes, das uns in Berührung mit einem Teil der Wirklichkeit bringt. Solche mentalen Bilder nehmen ihre eigene Form an, und da sie spontan sind, können sie nicht erzwungen werden. (CT, 12)

Mit Worten denken kann kein kreatives Denken sein, weil Worte uns nur mit dem in Kontakt bringen, was bereits in unserem Geist vorhanden ist. (CT, 13)

Kreativität kann auch als »Spiel« bezeichnet werden. Es ist ein Spiel als ein universaler oder sogar kosmischer Prozess. (CT, 49)

Die kreative Energie liegt jenseits *unserer* Reichweite, doch wir befinden uns nicht außerhalb *ihres* Zugriffs. Wir können Instrumente sein, durch die die kreative Energie in der Welt handelt. Sie ist die höchste Energie, die im Menschen wirken kann. Der entscheidende Unterschied zwischen einem Menschen und einem Tier ist vielleicht der, dass der Mensch mit der Möglichkeit ausgestattet ist, ein bewusstes Instrument der Kreativität zu sein. (IW, 83)

Die kreative Energie ist die Energie, die uns Freiheit gibt und uns ermöglicht, uns selbst zu erschaffen. Sie ist die Energie, durch die wir in die Lage versetzt werden, freiwillige Aufmerksamkeit zu erzeugen. Wenn wir versuchen, aufmerksam zu sein, bemerken wir, dass dies kaum in unserer Macht steht. Es entzieht sich uns, wie angstrengt wir es auch versuchen. Dies zeigt uns unser tatsächliches Ausmaß an Freiheit. Die kreative Energie ist die Energie des »Ich«, und nur dann, wenn sich der Wille mit dieser Energie verbindet, haben wir Macht. Ein Mensch wird erst dann zum freien Individuum, wenn er die Arbeit der kreativen Energie mit seinem Alltagsleben verbunden hat.
Kreative Energie wird durch die Transformation unseres Bewusstseins erzeugt. (IW, 83)

Nicht unser »Tun« ist kreativ, sondern unser »Nicht-Tun«, das die Türen für eine kreative Aktion eröffnet. (Sex, 30)

In erster Linie ist es die sexuelle Kraft im Menschen, welche die kreative Energie anzieht. Im Selbst und in den Funktionen kann die kreative Energie feinere Wahrnehmungen hervorrufen und die Art zweckvoller äußerer Aktivität, die wir ganz korrekt als kreativ bezeichnen. (Sex, 61)

Intelligenz ist eine Verschmelzung von kreativen und bewussten Energien. (Sex, 61)

... es ist in keiner Weise richtig, dass es eine »Sublimation« von Sexenergie bei Kreativität gibt. Diese naive Ansicht nimmt an, dass eine bestimmte Menge an kreativer Energie vorhanden ist, die in den einen oder anderen Kanal geht. Die Wirklichkeit ist dynamischer. (Sex, 61)

Die sexuelle Energie kann uns befähigen, unser Wesen zu ändern. Die Aktion, durch die wir von »uns selbst mehr machen, als wir sind«, wird *Transformation* genannt, und Sex ist für unsere Transformation notwendig, sogar wenn wir nie Geschlechtsverkehr haben. Sex gibt uns den Zugang zur Kreativität ..., und unsere Selbstschöpfung ist vor allem ein kreativer Akt. Daher ist Sex der Schlüssel zur Unsterblichkeit. (Sex, 73)

Die Sexenergie [das meint die kreative Energie] spielt eine wichtige Rolle im Hervorbringen eines feineren oder

Geistkörpers aus den Erfahrungen, Handlungen und Leiden in unserer physischen Existenz, der jedoch frei von den Zwängen des erdhaften Körpers ist. Dies ist Unsterblichkeit innerhalb bestimmter Grenzen; aber wir bleiben unvollständige Wesen. (Sex, 73)

Eine Weise, wie die kreative Energie in uns wirkt, ist die Enthüllung unserer eigenen Nichtigkeit. Bewusstsein zeigt uns, dass wir schlafen; die Kreativität zeigt uns, dass wir *nichts sind*. Die bewusste Energie erzeugt in uns ein Gefühl, dass ich mich selbst schlafen sehen kann. Vor der kreativen Energie verschwindet das »Ich« ganz und gar, es bleibt nichts übrig. ... Es ist das, was im Sufismus *fana* – Entwerdung – genannt wird. (IW, 85)

Weisheit und »Tun« sind eng miteiander verknüpft. Richtigkeit, das Gefühl, dass eine Sache richtig ist, das ist der Geschmack von Weisheit. Die Freude, die Freiheit, das Verschwinden von Anstrengung und Eifer, dies alles, was im Augenblick der Richtigkeit auftaucht, sind Kennzeichen der Weisheit. ... Weisheit ist Spiel, ist der Sinn für das Rechte, ist das Aufleuchten von »es ist gut«. ... Die Weisheit, die vor dem Herrn spielte, war nicht die Schöpfung, die entstand, sondern die schöpferische Vorstellung. (Bild, 34ff)

Persönlichkeit, Charakter, Wesen

Gurdjieffs Psychologie beschreibt den Menschen in relativ einfachen Begriffen: Persönlichkeit, Wesen (auch Wesens- kern) und wirliches Ich. Demgegenüber hat Bennett sein Modell der »Selbstheiten« entwickelt,[50] das nur dann damit kompatibel verstanden werden kann, wenn wir erkennen, dass ein Selbst unterschiedliche Persönlichkeits- und Wesenszüge hat. Wenn ein Selbst hauptsächlich mit »auto- matischer Energie« funktioniert wird es von der Persön- lichkeit dominiert.

Eine weitere Schwierigkeit im Verständnis beider Konzepte ist, dass im allgemeinen Sprachgebrauch und in der Psy- chologie die Begriffe Persönlichkeit und Charakter oft gleichgesetzt werden. Persönlichkeit ist nach Gurdjieff nur äußerlich, nur Persona oder Maske. Dieser äußeren, sicht- baren Persönlichkeit schreiben wir die Charaktereigen- schaften zu, die sie gar nicht haben kann, weil die Persönlichkeit oder besser: die vielen Persönlichkeiten oder »Ichs«[51], die wir beinahe mit dem Wechsel der Jahreszeiten annehmen, sich immer wieder verändern. Der eigentliche Charakter (oder Wesenszug) eines Menschen wird von einer Maske verborgen. Die Persönlichkeit kann zwar den Eindruck von Beständigkeit und Stärke vermitteln, doch tatsächlich geschieht das auf Kosten der Wesensentwick-

---

[50] Siehe Kapitel »Selbst«
[51] Siehe Kapitel »Ich«

lung. Sie leiht sich die Energie des Wesens, das dadurch zurückgedrängt wird und schrumpft. Am Ende bleibt nur noch die Maske übrig, die mit dem Tod völlig verschwindet.

In Ouspenskys Buch[52] sagt Gurdjieff: »Der Kern ist das Wahre im Menschen; die Persönlichkeit ist das Falsche. Je mehr die Persönlichkeit wächst, desto seltener und schwächer äußert sich der Kern...«

Der Charakter besteht aus den Grundzügen der individuellen Ausdrucksform, mit der wir geboren werden und die sich nach und nach stärker ausprägt. Wenn wir unserem Charakter gemäß leben, dann haben wir auch das Gefühl, dass unser Leben stimmig ist und wir so fühlen und handeln, wie wir sind. Doch selten ist der Charakter integriert und gefestigt, und häufig ist er mit Aspekten der Persönlichkeit vermischt. Ein »integrierter Charakter« hat tatsächlich etwas Beständigeres, weil er die sichtbare Ausdrucksform des Wesens ist.

Das Wesen selbst ist ein Schwingungsmuster, das eine besondere individuelle Information besitzt. »Sich selbst zu sein« bedeutet, dass ein Mensch sich auf eine ihm eigene Weise in der äußeren Welt ausdrückt und handelt. In gewissem Sinne kann dieser individualisierte Mensch sich nicht anders ausdrücken. »Man kann den Charakter wie einen Schlüssel betrachten, der einige Schlösser öffnet und andere nicht... Je nach unserem Charakter gibt es einige Lebensmöglichkeiten, die wir leben können, und andere, die wir nicht leben können.« (SP, 137ff)

---

[52] ASW 236

Je nach Erziehung, Lebensumständen und vielen anderen Faktoren hat jeder Mensch jedoch nur ein begrenztes Repertoire an Ausdrucksformen zur Verfügung. Daher setzt sich der »Charaktertyp« eines Menschen aus vielerlei Aspekten zusammen: seinen Begabungen, seinen Gefühlsqualitäten, Neigungen und Handlungsmerkmalen. Jeder dieser Grundaspekte kann unterschiedlich entwickelt sein.

Während die »Persönlichkeit« von wechselnden Emotionen und Meinungen bestimmt ist, zeigt sich ein »gefestigter« Charakter auch in beständigeren Gefühlen für andere Menschen. Er ist in der Lage, Schwierigkeiten und Konflikte aushalten zu können, ohne wie die Persönlichkeit – besonders wenn sie das reagierende Selbst bestimmt – bei kleinsten Anlässen auszurasten, und handelt und entscheidet auf eine Weise, dass andere Menschen sich auf diesen Menschen verlassen können. Ein Mensch, der mehr seinem Charakter gemäß lebt, ist meist »selbstbewusster«, wacher und sensibler als ein Mensch, der nur von seinen unbewussten Persönlichkeiten bestimmt wird. Dennoch ist auch die »integrierte Persönlichkeit«, der Charakter, nicht frei von Schwankungen, weil er aus einer Kombination von Neigungen, Trieben, Bedürfnissen, Zielen, Idealen und Vorstellungen besteht, die in unserem Verhalten zum Ausdruck gelangen.

Das »wirkliche Ich«, die spirituelle Essenz, kann sich nicht durch unser Wesen in der Welt ausdrücken, wenn die Persönlichkeit zu stark ausgeprägt ist. Ein Mensch ist nicht sich selbst wenn er an die Erscheinungen der Welt verhaftet ist und sich ausschließlich damit und mit seiner Persönlichkeit identifiziert. Er täuscht sich selbst, wenn er die Persönlichkeit für sein wirkliches Wesen hält. Die Persönlichkeit schließt sich dann gegenüber der spirituellen Essenz ab, wird egozentriert und verliert den Kontakt mit der spirituellen Welt. Die schöpferische Kraft des Willens, die in die Handlungen der Persönlichkeit fließt, wird auf diese Weise verfälscht und es entstehen das »Ego« und damit der Egoismus.

Zitate

Menschen leben ihr Leben auf einer Ebene von sich, auf der es kaum irgendeine Freiheit oder Fähigkeit gibt, um zu bestimmen, was geschehen wird. Das ist Persönlichkeit. ... Es ist schwer zu akzeptieren, dass Persönlichkeit hilflos und leer ist. (Way, 24)

Die Persönlichkeit kann sich nur durch vorgefertigte Wörter, Ideen, gewohnte Redensarten ausdrücken, die im »Formationsapparat«[53] gespeichert sind. Nichts kommt direkt von den Zentren, nichts geht direkt in die Zentren. Dieser Mensch lebt nicht einmal im untersten Teil von sich selbst. Er lebt nur in einer künstlichen Schale, die ihn umgibt. (Way, 25)

---

[53] Gurdjieffs Ausdruck für das automatische Denken

Das Problem ist, fähig zu werden, dieses selbst zu erkennen und zu verstehen, dass es so ist, um so eine veränderte Haltung gegenüber der eigenen Persönlichkeit zu gewinnen. Sie ist nicht in der Lage, sich zu entwickeln. Sie hat kein Potenzial zur Transformation in irgendetwas. Alles Erstrebenswerte hängt von der Befreiung von der Persönlichkeit ab und unsere Verwurzelung im Wesen, der Essenz, so dass dieses die Initiative ergreift. (Way, 25)

Die Persönlichkeit wird alles durch den »Formationsapparat« kanalisieren. Immer mal wieder haben Menschen Wesenswahrnehmungen, doch immer wieder schwächt die Persönlichkeit diese, wenn sie ins Bewusstsein dringen und verdreht sie in Worte, Emotionen oder sonst irgendetwas außer der direkten Wahrnehmung. Diese Manscherei mit dem, was wir wahrnehmen, ist ein ungeheurer Diebstahl von Gelegenheiten. (Way, 26)

Jemand bedroht uns und wir »greifen zu den Waffen« und verteidigen unsere Position oder behaupten unsere Rechte. Unsere Initiative stellt eine Reaktion auf äußere Ereignisse dar, und das Ergebnis ist gewissermaßen selbstbestätigend. Alles ist so fest verankert in äußeren Ereignissen und die Wirklichkeit ist inhaltsleer. Es ist eine vorgetäuschte Identität, in deren Mitte sich die Schale der Persönlichkeit befindet, die die Sache in Gange hält. (IW, 231)

... die verschiedenen Formulierungen, mit denen wir über Menschen sprechen – Begriffe wie Zentren, Gurdjieffs 'Persönlichkeiten', Selbste, Energien, Gesetze und so weiter – behandeln in Wirklichkeit dieselbe Sache. Es wäre jedoch falsch, wenn wir versuchen wollten, die verschiedenen Ausdrucksweisen auf einen Begriff zu reduzieren. Wenn wir sie jeweils als eine unabhängige Anschauung betrachten, erhellen sie sich gegenseitig. Indem wir von einer Darstellung zu einer anderen übergehen, können wir den ansonsten fast unumgänglichen Automatismus im Denken vermeiden, der jede Hoffnung zerstört, Dinge jenseits der physischen Welt zu verstehen. (IW, 166)

Der Beginn wirklicher Arbeit liegt in einer gründlichen Desillusionierung in Bezug auf diese Dinge. Es ist erstaunlich, dass Leute sich diesen natürlichen Zustand des Menschen vorzustellen vermögen, ohne je zu prüfen, ob er auf sie zutrifft oder nicht. Auch wenn es unfreundlich erscheinen mag, das zu sagen, stimmt es, dass die heutigen Männer und Frauen in niedrigeren Welten leben, in Welt 48. Das ist die *Welt der Persönlichkeit*, wo es einen Unterschied zwischen subjektiven und objektiven Zuständen gibt, so dass wir keine Verbindung zum wirklichen Sachverhalt haben. (IW,167)

Alles, was mit dieser Welt [Welt 96] in Verbindung steht, ist anormal und verdreht. Und doch kann die Persönlichkeit in dieser Welt gewisse Dinge tun: ihre Pflichten erfüllen, rechnen, sich warm anziehen, wenn es kalt ist, und so weiter. Tief unter all dem liegt der Zustand der Täuschung. Wir beschäftigen uns mit Dingen, die keine Realität besitzen. Was wir für Freiheit halten, ist in Wirklichkeit elende Sklaverei, und was wir für wirkliches Leben halten, leere Verschwendungssucht. (IW, 168)

Ich habe viele Menschen gesehen, die jahrelang in dieser Arbeit sind und das von ihrer Persönlichkeit aus tun. Sie sprechen von »Ich« tue dies oder das, doch jedesmal ist es nur ihre Persönlichkeit, die das macht. ... (Way, 66)

Ist es möglich für uns, die Arbeit von der Persönlichkeit in die Arbeit unserer Essenz zu bringen? Das wäre ... wenn du aufhörst an die Persönlichkeit zu glauben, wenn du erkennst, dass diese nur eine Maske ist, die du trägst - und du dieser Mensch nicht wirklich bist. (Way, 67)

Um das »Geteilte Selbst«[54] besser zu verstehen, wollen wir uns ihm von einen anderen Punkt aus nähern – dem des *Charakters*. Unter Charakter verstehen wir eine bestimmte

---

[54]   Siehe Kapitel »Selbst«

Kombination von Neigungen, Trieben, Bedürfnissen, Zielen, Idealen und Gelüsten, die alle in unserem Verhalten zum Ausdruck kommen, aber auf eine indirekte Weise, weil sie von den Konditionierungen der äußeren Schichten des Selbst verschleiert werden. (SP, 137)

Der Charakter ist im Geteilten Selbst angesiedelt. Unser Charakter bestimmt, welche Beziehungen wir eingehen können. (SP, 137)

Man kann den Charakter wie einen Schlüssel betrachten, der einige Schlösser öffnet und andere nicht. (SP, 137)

Charakter kann auch als *Typ* gesehen werden. Es gibt unterschiedliche Typen, und das Muster, das einen Menschen zu diesem oder jenem Typ macht, gehört zu dieser Ebene des Selbst; aber der Begriff Typ bezieht sich hier auf das, was C. G. Jung »Archetyp« nennt, und nicht auf Funktionen. (SP, 138)

Der menschliche Charakter ist so unterschiedlich, dass man bei den Menschen zu jedem Tier die charakteristische Entsprechung finden kann. Und nicht nur das, sondern auch Eigenschaftskombinationen, so dass man den Charakter eines Menschen wahrscheinlich recht präzis mit einem

Rezept etwa der Art beschreiben könnte: einen Löffel voll Tiger, eine Tasse voll Lamm, usw. (SP, 140)

Manchmal fällt es Menschen sehr schwer, ihren eigenen Charakter zu tolerieren, wenn sie anfangen, ihn zu erkennen. ... Man muss sehen lernen, dass er zu einem Instrument gemacht werden kann, zu einem Mittel des Verstehens. Wir müssen hinnehmen, dass er so ist, wie er ist. Wenn wir versuchen würden, ihn zu ändern, könnten wir vielleicht Schaden anrichten und ihn ganz unbrauchbar machen. (SP, 146)

Genaugenommen können Charakterqualitäten nicht als »Rollen« beschrieben werden. Rollen sind äußerliche Verhaltensformen. Selbst wenn man sich dessen nicht bewusst ist, kann man lernen, Rollen anzunehmen und zu spielen. Charakterzüge liegen tiefer, und wir können uns ihrer nicht direkt bewusst sein, solange nicht eine sehr beträchtliche Veränderung in unserem Bewusstsein vorgeganen ist. (SP, 147)

Seele

In Gurdjieffs Schriften ist die »Seele« ein herausragendes Thema. Eigentlich dreht sich seine Lehre tatsächlich darum, eine Seele *zu entwickeln*, »weil fast all diese Lehren [er meint die gängigen spirituellen Lehren]…das Wichtigste vergaßen oder nicht wissen, dass der Mensch nicht mit den feineren Körpern geboren wird, sondern diese nur *künstlich* herangebildet werden können – vorausgesetzt, dass günstige und innere Bedingungen vorhanden sind…«[55]

Es ist nun nicht so, dass Gurdjieffs Lehre über alle anderen Vorstellungen erhaben und die richtige wäre, auch wenn sie für mich aus meiner Erfahrung relativ einleuchtend ist, da ich die Wahrnehmung habe, dass sich durch diese Arbeit mit Gurdjieffs und Bennetts Methoden etwas in mir entwickelt hat. Aber es ist ein Antrieb, an sich selbst zu arbeiten.

In allen Glaubenssystemen und Kulturen gibt es unterschiedliche Vorstellungen über die Seele. Die Gurdjieffsche Idee, dass die Seele bewusst durch innere Arbeit entwickelt werden kann – und wir es uns als Ziel setzen sollten, die Seele zu entwickeln – unterscheidet sich von den meisten Seelenvorstellungen, die von einer »fertigen« Seele im Menschen ausgehen, und macht Sinn für mich. Er sagt auch: »Um eine Seele zu erwerben, muss man daher vor allem die entsprechende Substanz besitzen.«

---

[55]   ASW, 58

Was meint er damit? Unser physischer Körper ist der »ultimative Werkzeugkasten«, mit dem wir an unserer Transformation, d. h. dem Wachstum der Seele arbeiten können. Der physische Körper ist die Grundlage für die Erschaffung des zweiten Körpers, der bei Gurdjieff *Kesdschan-Körper* heißt, der »Körper der Seele«. Dieser zweite Körper, manchmal auch Astralkörper genannt, ist notwendig, damit wir ein Gefährt haben, das auf einer anderen Bewusstseinsebene oder im Feld des Bewusstsein handeln kann.

Der Begriff »Körper« kommt aus der Theosophie, die von der Anthroposophie gewissermaßen beerbt wurde und so heute noch eine große Rolle in der Gesellschaft spielt. Doch der Begriff ist sehr behaftet von einer materiellen, physischen Vorstellung. Der »zweite Körper«, der mit unserem inneren Sein zu tun hat, ist gewissermaßen eine Konzentration von Energie, ein »Energie-Feld«, wie ich es sehe. Ein »Feld« bzw. Energiefeld hat natürlich nichts »Körperliches« an sich.

Wie ich in meinem Buch *Der Wunderland-Effekt* ausgeführt habe, leben wir in vielen Feldern, die miteinander verbunden sind und sich gegenseitig durchdringen.

In diesem Sinne ist die »Seele« ebenso ein Feld.[56] In Bennetts Konzept bildet »die Seele die Brücke zwischen Geist und Materie«. Seele ist keine Quantität sondern eine Qualität – und dadurch lässt sie sich mit materiellen Begrif-

---

[56] siehe auch: Rupert Sheldrake, Matthew Fox: Die Seele ist ein Feld, O. W. Barth Verlag,1998. Eine spannende Diskussion über das Thema.

fen nicht fassen. Und die Seele zu *erfahren*, ist nur indirekt möglich.

Die Zitate aus den Büchern und Vorträgen von Bennett können hoffentlich helfen, ein tieferes Verstehen zu erlangen, auch wenn die Konzepte ohne eine direkte Seelenerfahrung nur geistige Konstrukte bleiben.

Zitate

Der plausibelste Einwand gegen den Glauben, dass der Mensch eine Seele habe, ist der, dass wir nichts dergleichen finden, wenn wir unseren eigenen *mind*[57] und sein Funktionieren betrachten. Wir können auch nicht feststellen, dass irgendein Teil unseres Verhaltens einem vermuteten nicht-materiellen, geistigen Prinzip zuzuschreiben ist, das getrennt vom *mind* existiert. (TF, 71)

Bennett zitiert dann Gurdjieff: »Der Mensch hat keine Seele, wenn und solange sie sich nicht in ihm bildet. Er hat die Möglichkeit einer Seele und die Materialien, aus denen sie gemacht werden kann.« (TF, 71)

---

[57] Den englischen Begriff »mind« kann man mit dem im Deutschen gebräuchlichen »Geist« oder »Verstand, Denken« übersetzen. Meistens ist der »persönliche Geist« im Unterschied zum »spirituellen Geist« gemeint..

Die Erfahrung ... hat mich überzeugt, dass Seelenbildung möglich ist und nicht so erschreckend schwer, wie es den Anschein gehabt hat. Dass ich eine Seele habe, wurde mir zur Gewissheit, als ich entdeckte, dass sie sich aus einem Teil meines *mind* gebildet hatte, und in der Tat fähig ist, unabhängig von meinem physischen Körper zu existieren und die Energien von Körper und *mind* zu kontrollieren und zu organisieren. (TF, 72)

Die Materialien, aus denen die Seele gemacht ist – *Seelenstoff* scheint der beste Name dafür – sind zuerst auf den Körper angewiesen. (TF, 72)

Die bewusste Energie stattet das Ich sozusagen mit einem Hebel aus, mit dem es auf die sensitive Energie des Denkens und Fühlens wirken kann. Das Ich oder der Wille und die bewusste Energie ziehen sich gegenseitig an, so dass sie vereinigt auf andere Energien wirken können. Ich würde das als »provisorische Seele« bezeichnen. Jedes Mal wenn die Vereinigung zustande kommt, bleibt etwas organisierte bewusste Energie zurück, und so bildet sich die Seele allmählich. (TF, 73)

Wir haben die Tendenz, uns ein Zwei-Welten-Bild auszumalen: diese Welt und die nächste, Himmel und Erde, spirituelle und materielle Welt... Dabei gehen wir davon aus, dass dieses Leben in der einen und das nächste Leben in einer anderen Welt stattfindet, oder dass unsere Körper auf der Erde, unsere Seelen jedoch im Himmel sein können. Hieraus ergibt sich die Absurdität, dass wir die Dinge, über die wir nichts wissen, wie »Seele«, einer anderen Welt zuschieben und darüber so sprechen, als sei das etwas, was wir kennen könnten. (IW, 211)

Nur wenn dieser Körper aus sensitiver Energie – der zwar fähig ist, den Tod des physischen Körpers zu überleben, aber dennoch sterblich ist – zum Fundament wird, aus dem der höchste Teil des Menschen, die Seele, hervorgeht, dann ist ein Mensch wirklich unsterblich. Wir können diesen höchsten Teil zu der Organisation bewusster Energie in uns in Beziehung setzen und zur Erlangung unseres eigenen Willens, des »eigenen Ichs«. Es ist die Seele, durch die wir unser Getrenntsein von anderen überwinden. (IW, 234)

Dem Menschen, der eine Seele hat, sind Dinge möglich, die uns ganz und gar unerreichbar sind. Er erlangt ewige Wirklichkeit, Zeitlosigkeit, in der Vergangenheit und Zukunft ein offenes Feld darstellen – nicht wie bei uns eine enge Spur aufeinander folgender Ereignisse, an der wir uns entlang bewegen müssen. Er kann sich – unabhängig von der Position seines Körpers – in Zeit und Raum manifestieren.

Er sieht Zeit und Raum als das, was sie sind, als Teil der Beschränkungen, unter denen die niederen Welten existieren. Geburt und Tod sind nicht das gleiche wie bei uns – Anfang und Ende des Lebens – sondern sie sind Teil eines Musters, in dem wirkliche Freiheit herrscht. Er existiert nicht länger *in* Zeit und Raum, sondern gemäß einer höheren Ordnung. Die Seele, bzw. der Bewusstseinskörper, sind nicht länger dem unterworfen, was die Buddhisten *Dukha* nennen – den Begrenzungen der niederen Welten, die Leiden, Vergänglichkeit und Auflösung verursachen. Er ist unsterblich geworden, todlos; es besteht keine Notwendigkeit mehr, sich Tod und Wiedergeburt zu unterziehen, dem *Samsara* ausgeliefert zu sein, dem Rad der Existenz. In der *Bhagavadgita* und den *Upanischaden* wird gesagt, dass das Selbst weder geboren wird noch stirbt. (IW, 236)

Mit der Vollendung der Seele gelangt das Individuum, das nun ein heiliges Individuum ist, unter die Gesetze von Welt 6. Hier ist der Unterschied zwischen dem Einen und dem Vielen aufgehoben. Wir überschreiten die Bindung an die Existenz, mit der das individuelle Leben seinen Anfang nahm. Kontakte zwischen den einzelnen Willen sind nicht länger notwendig, weil alle Willen das gleiche sind. In dieser Welt finden wir das direkte Wirken des Zweckes der Schöpfung. (IW, 238)

Der Platz der Seele ist nicht nur im Zentrum, sondern überall. Aber die Seele ist auch ein Gefäß, das mehr oder weniger aufnehmen kann, je nach seiner Ausdehnung oder Zusammenziehung. Wenn Sie das sehen können, dann werden Sie erkennen, dass kaum etwas wichtiger für uns ist als die »Vergrößerung« unserer Seele. (SP, 175)

Die Seele kann man als Brücke zwischen Geist und Materie bezeichnen; dazu muss sie Materielles und Geistiges gleichermaßen umfassen können. (SP, 175)

Die Wohnung des »Ich« ist keine gewöhnliche Wohnung, weil sie ... weder Ausdehnung noch Größe hat. Dennoch bin »Ich« eins mit meiner Seele... (SP, 176)

Es gibt und hat immer Menschen gegeben, die in ihrem Wesenskern so vom Egoismus korrumpiert sind, dass sich daraus »etwas« Starkes und Dauerhaftes gebildet hat.[58] Sie können nur darauf hoffen, dass die Seele selbst vernichtet und aus dem Nichts wieder aufgebaut werde. (SP, 183)

---

[58] Anm. d. Hg.: Wir können das nicht nur in der Vergangenheit, sondern auch heute bei bestimmten, mächtigen Politikern sehen...

Der »Astralkörper« besteht nicht auf derselben Ebene wie der materielle Körper, sondern ist aus einer feineren Energie gebildet, wahrscheinlich aus der sensitiven. Wenn sich die Sensitivität sozusagen zu etwas Stabilem kristallisiert, wird das Ergebnis »der zweite« oder der Astralkörper genannt. Was Gurdjieff den »höheren Seinskörper« nennt, ist das Gleiche wie die Seele. (SP, 184)

Die Seele ... schafft und wird geschaffen. Wenn sie groß und stark geworden ist und mit ihrer kreativen Energie die anderen Energien des Selbsts zu beherrschen gelernt hat – die automatische, die sensitive und die bewusste Energie –, kann sie jedweden Körper entstehen lassen, dessen sie bedarf. (SP, 185)

Wir können uns unserer eigenen Seele nicht bewusst sein. Dafür gibt es den einen hinreichenden Grund, dass sie aus kreativer Energie gebildet ist, die nicht nur jenseits der Sensitivität, sondern auch jenseits des Bewusstseins liegt. Wir können jedoch den Kontakt zwischen Seelen erfahren und so den Unterschied zwischen dem äußeren Kontakt über die Sinne und dem inneren Kontakt erkennen, der entsteht, wenn wir einen Anderen in unsere eigene Seele einlassen. (SP, 186)

Die Seele, die von Egoismus frei oder auch nur annähernd frei ist, wächst zu einer solchen Größe, dass sie sich jedem, der ihrer bedarf, in Freundschaft öffnen kann. (SP, 186)

(Jesus) sprach über einen Mann, der die Welt gewonnen und dabei seine Seele verloren hat, d. h. der Verlust der Möglichkeit, eine Seele zu haben. ... Doch wenn ein Mensch einmal eine Seele hat, kann diese nicht mehr verloren gehen.[59]

Wenn das Wort »Seele« überhaupt eine Bedeutung hat, muss es etwas meinen, was unsterblich ist und nicht zerstört werden kann, wenn der physische Körper zerstört wird, und nicht einmal, wenn das Bewusstsein vergeht.[60]

Wenn ein Mensch in sich ein Gefäß erschafft, in dem feine, wertvolle Substanzen erhalten werden können, dann wird dieses Gefäß zu seinem »Eigentum«. Damit hat er die Möglichkeit, in eine ganze andere Seinssphäre einzutreten und in ein Wesen mit ewiger Bedeutung zu transformieren: eine unsterbliche Seele. (Sunday Talks, 34)

---

59 Dennison House Talks, No. 6, 1954, unveröffentlicht.
60 Dennison House Talks, No. 6, 1954, unveröffentlicht.

Der Mensch muss seine Rolle spielen in der gegenseitigen Erhaltung von allem, was existiert. Er kann dies durch sein eigenes bewusstes Bemühen und absichtliches Leiden oder er kann es passiv wie ein Tier tun. Im ersten Fall wird er zu einer unsterblichen Seele und zu einem aktiv an der Erfüllung des kosmischen Zwecks Mitwirkenden. (Aufbau, 279)

Die Möglichkeit der Seele liegt in der Anwesenheit einer gewissen Verbindung von Substanzen im Menschen, die ohne Struktur sind, die aber sein gesamtes Erfahrungsvermögen tragen. Diese Substanzen können strukturiert werden, und hierbei werden sie schließlich in den *Kedschan*-Körper umgewandelt, der der äußere Träger der Seele ist. ... Der Mensch wird nur dann unsterblich, wenn er sich selbst seine eigene vollständige Seele geschaffen oder aufgebaut hat. Seine Unsterblichkeit ist nicht existentiell, denn sie hat ihren Sitz in seiner Objektiven Vernunft. (Aufbau, 261)

Die Sonne war der Schöpfer des ewigen Urbilds des Lebens. Durch das Leben konnte die Seele erscheinen und die Erde selber in ein göttliches Wesen verwandelt und zur Braut der Sonne werden. (Meister, 28)

Schöpfertum ist der wesentliche Bestandteil der Seelenstruktur. (Meister, 45)

Die Seele ist das Ergebnis der Verbindung von Selbst und Geist und etwas ganz anderes als die Elemente, aus denen sie entstanden ist. Was so entsteht, kann nur das Ergebnis einer Tat sein. (SP, 231)

Damit die Seele wachsen kann, muss sie Nahrung erhalten, und die kommt aus unseren Taten. Es ist das »Ich«, das die Seele nährt, das Haus baut und es in Ordnung bringt. In dem Maße, in dem die Seele wächst, kann sie mehr und mehr in sich aufnehmen. (SP, 240)

Die Seele ist der Teil des Menschen, in dem sein »Ich« seinen dauernden Aufenthaltsort haben sollte. ... Sie ist auch der Teil des Menschen, der wachsen und sich ausdehnen kann, so dass vieles, sogar andere Menschen, Zugang finden können. (SP, 173)

Die unsterbliche Seele des Menschen, auf die sich Gurdjieff als der höhere Seins-Körper bezog, ist nicht männlich oder weiblich. Sie ist ganz verschieden von den geschlechtlich geteilten Rollen unserer Natur, und die normale Formation der Seele im Menschen geht durch die Einheit der Geschlechter. (Sex, 74)

Selbst, Selbstheit

Bennett entwickelte ein Konzept des »Selbst«, das einzigartig sowohl in der Psychologie als auch in der Spiritualität ist. Als Mathematiker hatte er gelernt systematisch zu denken und offensichtliche Dinge zu differenzieren. Aufgrund seines Modells der Energien[61] kam er zu der Annahme, dass wir Menschen zwar »uns selbst sind«, aber dieses Selbst mehrere Schichten hat, die miteinander verwoben sind. Die Funktionsweise der unterschiedlichen Selbstschichten entspricht den vier verschiedenen Energien, der *automatischen*, der *sensitiven*, der *bewussten* und der *kreativen* Energie. Erst in der Vereinheitlichung dieser Schichten entsteht ein »wahres Selbst«, das »am Schnittpunkt von Geist und Materie steht.« Selbst-verständlich ist dieses Selbst, unsere Einheit, immer gegenwärtig, doch im Leben sind wir Menschen meist auf der einen oder anderen Ebene dieser Ganzheitlichkeit des Seins.

Bennett sagt: »Wenn wir beginnen, unser Verhalten unvoreingenommen [können wir das?] zu überprüfen, können wir zu der Feststellung kommen, dass wir uns ständig von einer Existenzebene zur nächsten bewegen und dass es auf jeder Ebene ein entsprechendes Selbst gibt. Die Art des Selbsts, das aktiv ist, hängt vom Zustand der jeweils tätigen Funktionen ab.« (IW, 115)

»Ich bin mich selbst« ist zwar immer richtig, doch auf so

---

61 Siehe das Kapitel »Energien« in diesem Buch.

viele verschiedene Weisen, wie es die vier verschiedenen »Selbste« gibt.

Wir können nicht »selbstlos« sein, aber selbstbezogen, selbstsüchtig, selbstverliebt, manches ist selbstverständlich, wir können selbstbestimmt handeln, uns selbst belügen, selbstbewusst sein, uns selbst versorgen und eine Marmelade selbst herstellen... Es gibt sehr viele Wörter im Deutschen, die mit »selbst« beginnen – im Duden nehmen diese drei Seiten ein!

Die folgenden Zitate können nur einen winzigen Ausschnitt der Bedeutung des Denkmodells von Bennett aufzeigen. Um das Konzept insgesamt besser zu verstehen, empfehle ich das Kapitel »Das Selbst« in *Die inneren Welten des Menschen*, ausführlicher und detaillierter wird wird es in *Eine Spirituelle Psychologie* dargestellt. Dennoch können die folgenden Zitate einen Hauch von Ahnung vermitteln, um was es Bennett in seinem Konzept geht. Mir haben diese Ideen sehr geholfen, mich als Mensch mit vielfältigen Aspekten meines Seins besser kennenzulernen, aber vor allem auch mit Hilfe dieser Anregungen im Zusammenhang mit den praktischen Übungen dieser Lehre[62] den »Weg zu sich selbst« zu gehen.

---

[62] siehe dazu mein «Gurdjieff Praxisbuch», 2014

Zitate

Wir müssen uns klarmachen, dass jedes Selbst, über das wir sprechen werden, genau genommen auf den physischen Körper und seine Instrumente bezogen ist. Ein Selbst ist ein verkörperter Existenzzustand und sollte unabhängig von den menschlichen Möglichkeiten, andere Arten von Körpern zu erwerben.[63] Die verschiedenen Selbste machen unterschiedliche Erfahrungen möglich. (IW, 115)

Nicht einmal das »Wahre Selbst« kann ohne den physischen Körper existieren. Der Mensch hat durch seine Natur Zugang zu der kosmischen Energie der Kreativität, und diese Energie ermöglicht es ihm zu handeln, zu wirklichem Verstehen zu gelangen und die Arbeit an der Transformation zu beginnen. (IW, 115)

Jedes Selbst stellt eine Kombination von Funktion, Sein und Wille dar, die auf solche Weise organisiert sind, dass sie gewisse Arten von Erfahrungen möglich machen. Dies bedeutet, dass jedes Selbst sein eigenes Set von Funktionen besitzt. Dabei handelt es sich in Wirklichkeit um die gleichen Instrumente, aber sie arbeiten mehr oder weniger

---

[63] Hier meint er den zweiten, den Energiekörper, und dritten Seinskörper, die wirkliche Seele als Träger des Willens in Gurdjieffs Terminologie.

effektiv, mehr oder weniger sensitiv und mit mehr oder weniger Bewusstsein. Wie die Instrumente des Menschen eingesetzt werden können, hängt ganz von den verschiedenen Ebenen ihrer Organisation ab. (IW, 117)

Dies führt uns zum Seinsaspekt der Selbstheiten, den wir unter dem Begriff »Energien« betrachtet haben. Jedes Selbst arbeitet mit einer bestimmten Energiequalität und wenn die entsprechende Energiequalität nicht verfügbar ist, dann ist das Selbst nur latent vorhanden, so als wäre es »nicht da«. Wenn wir die Terminologie unseres Energieschemas benutzen, können wir sagen, dass es ein *materielles Selbst* gibt, das automatisch arbeitet, ein *reagierendes Selbst*, das sensitiv arbeitet, *ein geteiltes Selbst*, das bewusst arbeitet und ein *wahres Selbst*, das kreativ arbeitet.

Wir können uns diese vier Selbstaspekte vorstellen als vier »Erfahrungsebenen« im Diagramm von Funktion, Sein, Wille und Einheit.[64] Jedes Selbst besitzt einen »eigenen Willen«, was einen Moment des Risikos in unsere Existenz hineinbringt, der ein wichtiges. Merkmal unserer menschlichen Situation ist.[65]

Jede der vier Selbstheiten hat die Kraft, sich selbst als unabhängige Einheit zu behaupten oder sich der Einwirkung eines höheren Willens zu öffnen. Auf diese Weise kann jede der vier zur Verkörperung des »wirklichen Ich«

---

[64] siehe das Diagramm in IW, 116
[65] siehe dazu ausführlich: John G. Bennett, Risiko und Freiheit

beitragen, das sozusagen im obersten Punkt der Pyramide »versteckt« liegt, am Punkt der Einheit. (IW, 117)

Um zur Vervollkommnung zu gelangen, werden alle Selbstheiten gebraucht – es geht keineswegs darum, unsere niederen Teile des Selbst zu zerstören, wir müssen ihre Arbeitsweise verstehen und regulieren, um die höheren Teile zu erreichen. Die niederen Selbstaspekte sind uns sowohl durch eigene Erfahrung zugänglich als auch durch die Beobachtung anderer Menschen. Solange sie uns beherrschen, sind wir in einem Zustand der Sklaverei und besitzen keinerlei Initiative, abgesehen von der Wechsel-wirkung zwischen unserer Konditionierung und den äu-ßeren Einflüssen. Dennoch besitzen sie eine charakteris-tische Form von Erfahrung, die wir erkennen lernen müssen. (IW, 118)

Durch »das materielle Selbst« hat der Mensch Macht über alle anderen Dinge der Erde. Es ist in der Welt der Körper das höchste, aber innerhalb dieser Welt bleibt es den Gesetzen dieser Welt unterworfen. Es arbeitet mit automa-tischer Energie, die sehr hoch organisiert ist. Das materielle Selbst besitzt alle Funktionen, wie Denken, Fühlen. Bewe-gung, Instinkt, usw., aber sie arbeiten ohne Bewusstsein. (IW, 118)

Eine Person, die vom materiellen Selbst beherrscht wird, befindet sich in einer wirklich schlimmen Lage: Nach außen hin kann sie äußerst erfolgreich sein, jedoch ihr Leben ist, objektiv gesprochen, erbärmlich. Sie besitzt keine wirkliche eigene Erfahrung und wenn höhere Energien in ihr arbeiten, dann arbeiten sie unabhängig vom Selbst, so dass sie das Wirken dieser Energien nur als einen Traum begreifen kann. Ein solcher Mensch greift ständig nach etwas außerhalb seiner selbst, das ihm ein Gefühl der eigenen Existenz vermitteln kann. (IW, 121)

Alleinstehend ist das materielle Selbst nicht mehr als eine »durchgedrehte« Maschine, die aus der Kontrolle geraten ist und keinem nützlichen Zweck dient. Es gehört zu unseren Aufgaben, den Zweck dieses Selbst herauszufinden und es dazu zu bringen, diesen Zweck zu erfüllen. (IW, 122)

Das gesamte Leben ist sensitiv und wird bestimmt durch die Pole von Anziehung und Abstoßung. Sensitivität stellt keine neutrale Form der Berührung mit der Welt dar, sondern immer eine Erfahrung, die Kraft und Richtung hat. Aus diesem Grund bezeichnet man das Selbst, das mit dem Wirken dieser Energie verbunden ist, als *reagierend – reagierendes Selbst*. (IW, 124)

Für den Menschen des Reagierenden Selbsts sind seine Vorlieben und Abneigungen die Wahrheit: Das, was ich mag, muss gut sein, was ich nicht mag, schlecht, und jeder andere sollte es ebenfalls vermeiden. Diese Absurdität stellt im Leben vieler Menschen eine einflussreiche Kraft dar.[66] (IW, 125)

Es ist charakteristisch für den Menschen, dass er innere Spannungen vermeidet, wenn er von seinem Reagierenden Selbst beherrscht wird. Das hält ihn davon ab, jemals in Kontakt zu kommen mit dem, wie die Dinge wirklich sind. (IW, 126)

Sich selbst ohne Reaktion erleben zu können, vermittelt einen ersten Geschmack der Freiheit. (IW, 127)

Erst wenn wir in uns selbst die Gegensätze vereinigt erfahren können, beginnen wir, uns unserer menschlichen Natur bewusst zu werden. Diese Natur ist von großer Tiefe, aber solange wie wir von unseren Reaktionen gefangen gehalten werden, sind wir dazu verdammt, nur eine Oberflächenexistenz zu führen. (IW, 128)

---

[66] Diese Aussage ist heute sehr aktuell, siehe die Diskussion um »Fake News«.

Bewusstsein und Sensitität zu trennen, führt dazu, dass wir aus der Hypnose des Reagierenden Selbsts erwachen. (IW, 130)

Wenn das Reagierende Selbst die Tür ist, durch die wir hindurchschreiten müssen, um die Welt der Energien zu betreten, ist das Geteilte Selbst die Tür zur Welt des Willens. ... Durch den Schlüssel jenes Musters, das wir in unserem Bewusstsein haben, können wir viele Türen aufschließen und viele Dinge erreichen, aber nichts davon ist »Tun«. Jeder wirkliche Schritt, den wir machen, muss von der kreativen Energie stimuliert werden, und diese können wir nicht direkt sehen. Wille und Energie sind immer noch getrennt. (IW, 133)

Weil im Geteilten Selbst die mächtige Energie des Bewusstseins wohnt, liegt in seinen Händen der Schlüssel zu unserem Schicksal. (SP, 137)

Um die Jungsche Methode ein wenig weiter zu treiben, könnte man sagen, dass der Mythos des Paradieses, wo der Löwe neben dem Lamm liegt, das Symbol für die Harmonie des Geteilten Selbsts ist, nach der sich der Mensch sehnt, sie aber in die Vergangenheit projiziert... (SP, 141)

Das wahre Selbst ist eine Ganzheit. ... Mit dem wahren Selbst eröffnet sich uns eine ganz neue Ebene der Erfahrung, die mehr mit dem Willen zu tun hat, als mit einem neuen Inhalt unseres Bewusstseins. Wir können von kreativer Aktion sprechen, aber tatsächlich erfahren wir die Kreativität erst *nachdem* sie ein Wirkung hinterlassen hat – auf der Ebene der Sensitität und des Bewusstseins. (IW, 135)

Das Wahre Selbst ist der eigentliche Bereich geistiger Arbeit, einer Arbeit, die über die Transformation von Energien hinausführt in die Welt des Willens. (IW, 138)

Von einem Selbst zum nächsten wird die Energie feiner und feiner, bis es an der Spitze kein Element von Quantität mehr gibt. Deswegen gibt es im Wahren Selbst keine Vielheit. ... Das Wahre Selbst ist der Schnittpunkt von Geist und Materie. ... Nur an diesem Punkt existiert Freiheit, die wirkliche – das heißt substantielle – Veränderungen möglich macht, sei es innen oder außen. (SP, 157)

Das materielle Selbst ist nur für seine eigenen Zwecke sozial: es hat keinen »sozialen Sinn«. Das Reagierende Selbst ist als soziale Einheit gänzlich unzuverlässig. Eine Gesellschaft kann nicht auf Zuneigung und Abneigung aufgebaut werden. Tatsächlich wirkt das Reagierende Selbst in der Gesellschaft fast immer als sprengendes Element. Das Geteilte Selbst ist jedoch dem Wesen nach sozial. (SP, 149)

Wir können die Selbstheit als eine Qualität betrachten, wodurch ein existierendes Wesen das Instrument eines individuellen Willens[67] werden kann. Selbstheit ist empfänglich für viele Einflüsse und als solche in der Lage, Individualität in den Bereich der Existenz hineinzubringen. Sie ist ein Ausdruck oder eine Manifestation der Individualität. ... Der entscheidende Unterschied zwischen Individualität und Selbstheit besteht in ihrer Bezogenheit zur Existenz ... *Individualität hat keine Existenz.* Selbstheit ist keine Kraft, aber sie kann Kraft ausüben, d. h. Formen des Willens. (DU II, 155)

Der folgende Satz veranschaulicht vielleicht, was mit Existenz gemeint ist: »*Alles Existierende muss möglich sein, aber nicht alles Mögliche existiert.*« (Risiko und Freiheit, 123)

Die Veden und Upanishaden haben eine einfache Lösung: Das Selbst des Menschen [damit ist das Wahre Selbst gemeint] ist mit dem Selbst des Ganzen identisch – *Atman* ist *Brahman*. (SP, 153)

---

[67] Siehe »Wille«

Selbsterinnerung

Gurdjeff bezeichnet den Zustand der »Selbsterinnerung« auch das »Bewusstsein seiner selbst« oder »sich selbst inne werden«.[68] Wir sind uns dann bewusst, dass wir sehen, hören, riechen usw. Vielleicht kann man sogar sagen, dass wir »gesehen werden«, d. h. das »wirkliche Ich« beobachtet die natürlichen Funktionszentren Körper, Gefühle, Denken. Wenn wir aufhören, uns mit etwas zu identifizieren, wird es möglich, die äußere, aber auch die innere Welt auf neue Weise zu sehen. Die frei gesetzte Energie macht es möglich, mehr Bewusstseinsenergie zu haben. In diesem Zustand können wir eine andere Freiheit erleben. Wir sind nicht mehr von der äußeren Welt, dem Gehirn und den Sinneseindrücken abhängig. Der Zustand der Freiheit bedeutet auch, dass man die Möglichkeit hat zu wählen, Entscheidungen zu treffen, die nicht bloße Reaktionen auf äußere Umstände sind. Wenn man frei ist, erkennt man das wahre Selbst.[69] Im Zen-Buddhismus heißt es: »Das wahre Selbst hat keine Form, keine Erscheinung, keine Wurzel, keine Grundlage, keinen Ort, aber es ist munter und voller Leben.«

Der Begriff der »Selbsterinnerung", wie er bei Ouspensky[70] erläutert wird, führt leicht zu Missverständnissen.[71] Nach

---

[68] BE, 1134, 1179 – sonst kommt der Begriff in Gurdjieffs Hauptwerk nicht vor...
[69] siehe Kapitel »Selbst«
[70] ASW, 150-167; auch sehr ausführlich in: Der Vierte Weg, Kapitel V, Neuausgabe von Advaita Media, Saunstorf 2013
[71] In Gurdjieffs »Beelzebubs Erzählungen für seinen Enkel«, a. a. O., S. 1134,

langen Jahren der Erfahrung mit diesem Zustand wird mir immer klarer, dass der Begriff »Selbst-Erinnerung« keine Gedächtnisleistung oder einen gedanklichen Vorgang meint, sondern vielmehr bedeutet »in sich selbst zentriert zu sein«, in der inneren Stille des Selbst verankert zu sein. Das geht nicht, wenn ich mit der Außenwelt identifiziert bin. Bewusstsein ist nicht etwas, das wir besitzen. Wir können aber ins Bewusstsein aufwachen – oder anders gesagt, das Bewusstsein weckt uns auf. Das geschieht durch einen Prozess der inneren »Reibung«, wenn das Ungenügen an unserem Schlafzustand ein Ventil sucht, aber auch, wenn emotionale und geistige Spannungen uns daran erinnern, dass wir den Kontakt mit der Wirklichkeit des Bewusstseins verloren haben. Wenn wir plötzlich aufwachen, empfinden, wissen und fühlen wir alles auf einmal. Unser Wesen erkennt die Wirklichkeit, wie sie ist.

Tatsächlich haben wir ohne »Ich« kein Bewusstsein. Wer einmal in einem »erhöhten« Bewusstseinszustand war, kennt den Unterschied zwischen diesem Zustand und dem normalen Wachbewusstsein. Bewusstsein ist kein Denkprozess oder ein Gedanke. Bis heute weiß man nicht, wie Bewusstsein im Gehirn entsteht. Die Kontroverse besteht sogar zwischen Gehirnforschern, die nur größere neuronale Netze für eine Bewusstseinsfunktion halten.[72]

1179, spricht er nicht von »Selbsterinnerung« sondern von »seiner-selbst-eingedenk-sein«, jedenfalls wurde es so von Gurdjieffs deutschen Sekretärin Louise March-Goepfert übersetzt.

[72] Mehr zum Bewusstsein und Bewusstseinszuständen in meinem Buch *Intelligente Evolution*, 301ff

In Bennetts Büchern kommt der Begriff hauptsächlich im Zusammenhang mit Bewusstsein und bewusster Energie vor. Die wenigen Zitate, die ich gefunden haben, werfen dennoch einiges Licht zum besseren Verständnis dieses Konzepts.[73]

Zitate

Methoden, die nur im Training der Funktionen bestehen, führen nicht weit, wenn die Zentren nur mit automatischer und sensitiver Energie in den Mengen versorgt werden, wie sie beim gewöhnlichen Erfahrungsprozess vorhanden sind. Psychologisch gesprochen können wir sagen, es ist nutzlos, die Arbeit unserer Zentren zu verbessern, wenn wir nicht an der Selbsterinnerung arbeiten, der Bedingung für eine erhöhte Herstellung von sensitiver Energie. Bevor wir nicht an der Überwindung unseres Egoismus arbeiten, einer Grundlage für die Freisetzung von bewusster Energie, kann kein Bewusstsein in den Funktionen vorkommen. (Energien, 83)

Die Energie des Bewusstseins schafft jene Triebe, die wir als Bedürfnisse wahrnehmen, weil sie sich immer mit etwas verbinden will. Wenn sie richtig arbeitet, dann verbindet

---

[73] Siehe auch meine Ausführungen in meinen Büchern *Gurdjieff Praxisbuch* und *Auf einem Raumschiff mit Gurdjieff*.

sie uns mit uns selbst. Das ist, was Gurdjieff »Selbsterinnerung« nennt. (SP, 133)

...und während ich es tue, entdecke ich wieder meine Überzeugung: »Ich bin Wille«. Jahrelang ging ich diesen Weg, entschlossen, meine Macht zu gebrauchen, mich den geistigen Wirklichkeiten zuzuwenden, in Gurdjieffs Sprache: »Mich meiner selbst zu erinnern«... (SP, 233)

Am wichtigsten von allem ist die Selbsterinnerung. Dazu ist kaum jemand in der Lage. Eine der nützlichsten Übungen, die ich je lernte, wurde uns 1921 von Ouspensky gezeigt. Sie besteht in dem Kampf, sich bei jeder Aktivität der eigenen Existenz zu erinnern. Diese Übung zeigt uns die Schwäche unseres Erinnerungsvermögens. ... Eine zweite, sehr wichtige Erinnerungsübung ist der Versuch, sich an Gefühlszustände zu erinnern. (TF, 89)

Es heißt, es sei uns jederzeit möglich, den Zustand der »Selbsterinnerung« zu haben, wenn auch nur für den Bruchteil einer Sekunde. Es ist sehr wichtig, dass wir alles, was wir tun können, mit der ganzen Menge an bewusster Energie tun, die uns zur Verfügung steht. Wenn Menschen unter bestimmten Bedingungen zusammen arbeiten, können sie genügend bewusste Energie konzentrieren, so dass zumindest einige von ihnen »aufwachen« und etwas sehen – und das wird für alle ein Gewinn sein. Es erfordert viel Zeit, uns an die Trennung von Bewusstsein und Sensitivität zu gewöhnen. (IW, 81)

In unserer Lehre wird uns gesagt, dass der Mensch sich »selbsterinnern« soll und dass der »schlafende Mensch« nur wenig Wert hat. Es ist schon richtig, dass es in unserem eigenen Interesse liegt, sich an sich selbst zu erinnern, doch der wirklich Grund dafür ist, dass er bei der Selbsterinnerung, wenn er sich der Verbindung zwischen der inneren und äußeren Welt bewusst wird – denn das ist es, was Selbsterinnerung ist –, multipliziert er mindestens zehnmal die Effizienz der Transformation der Energien in sich. Statt nur eines Rinnsals wird es zu einem stetigen Fluss. (Sunday Talks, 219 ff)

Selbsterinnerung sollte ein integrierender Prozess sein. Sein Ziel ist es, die tieferen Teile des Selbsts mit den mehr an der Oberfläche liegenden in Verbindung zu bringen. (SP, 120)

Obwohl diese Sache mit der Selbsterinnerung und der Transformation von Energien sehr wichtig ist, kann man sagen, dass sie nur eines der 49 notwendigen Elemente in der ganzheitlichen Entwicklung des Menschen ist. (GD, 36)

An der Arbeit der Selbsterinnerung sind drei Energien beteiligt. Eine Energie ist mit dem Körper, eine mit den Gefühlen und eine mit dem Denkvermögen des Menschen verbunden. ... In der Tat ist Selbsterinnerung ein Zustand, in welchem diese Energien miteinander verschmolzen werden, und während ihrer Verschmelzung geben sie dem Menschen einen Zugang zur Welt der Geistwesen. ... (GD, 36)

Wenn wir von Selbsterinnerung sprechen, meinen wir nicht einfach einen mentalen Zustand. Es ist nicht eine Art Denkprozess, obwohl es ein Prozess in unserem Gefühlsleben ist. Es ist weder eine Ekstase noch ein Zustand des »aus-der-Welt-Tretens«. Es ist ein Zustand, in dem man sich unmittelbar bewusst ist, ein Mensch zu sein. (GD, 37)

Der Mensch unterscheidet sich vom Tier durch den Zustand der Selbsterinnerung. Es ist die innere Qualität, die uns befähigt, die Geister zu unterscheiden. ... Für uns ist es möglich, eine solche Verschmelzung unserer Zustände zu haben, dass wir empfänglich sein, unterscheiden und erkennen können. (GD, 43)

Transformation

Beim »Vierten Weg«, wie die spirituelle Linie Gurdjieffs auch genannt wird, geht es vor und bei allem um die Transformation des Menschen, »die Kunst sich zu wandeln«. Der Begriff beinhaltet viele Aspekte: die Harmonisierung der drei Zentren (Körper, Denken, Fühlen), die Transformation von Energien zur Bildung eines »zweiten Seinskörpers«, die Veränderung und Verwandlung unserer psychischen Eigenschaften, was auch als »Arbeit an sich selbst« bezeichnet wird, Aufwachen ins Bewusstsein und anderes mehr.

Interessanterweise gibt es in den Büchern von Bennett kein eigenes, zusammenfasstes Kapitel, das den Begriff ausführlich beschreibt. Man könnte annehmen, er macht das in seinem Buch »Transformation«, doch dort wird hauptsächlich die Vielzahl von Aspekten erläutert, auf die es ankommt, wenn ein Mensch sich auf den Weg zur Transformation begeben will oder sich bereits auf dem Weg befindet. Darin schreibt er: »Wenn das Bild des idealen Menschen in uns Widerhall findet, sehen wir, dass wir den Weg der Transformation beschritten haben. Das muss bewusst geschehen. Am Anfang werden immer Phantasien und Selbsttäuschung im Spiel sein.« (TF, 104)

Vielleicht ist es tatsächlich ein inneres, geistiges Idealbild, das uns auf den Weg bringt und vielleicht auch dort bleiben lässt. Doch bei menschlicher Transformation geht es nicht um »Leistung«. Die »Arbeit an sich selbst« ist viel feiner, es ist eine schrittweise innere Veränderung, die nicht nur die Psyche umbaut, sondern den ganzen Mensch. Deshalb heißt es auch »harmonische Entwicklung«. Dabei entwickeln wir das eigene Potenzial, verwenden das von der Natur gegebene Material, um alle unsere Seinsqualitäten zu entfalten.

Zitate

Der Prozess der Transformation liegt nicht darin, dass wir uns von einer Welt zur nächsten bewegen, sondern dass etwas auftaucht, was all diese verschiedenen Dinge akzeptieren kann und fähig ist, auf diese verschiedenen Weisen zu leben. Eines der Dinge, die wir lernen müssen ist, wie wir die Substanz der inneren Welt bewahren und sie nicht zum Zweck der Befriedigung in der Welt der Körper verbrauchen. Das heißt, dass wir fähig sein müssen, die Bedürfnisse der inneren Welt von denen der äußeren Welt zu trennen. Um in die dritte Welt zu gelangen, müssen wir darauf vorbereitet sein, alles zu verlieren. Dann wird etwas Neues in uns geboren, was das Ganze neu erschafft. (IW, 288)

Das eigentliche Mittel, das uns zur Verfügung steht, um Zugang zu anderen Welten zu finden, ist die Arbeit an der

Transformation in uns. Der Mensch, der »an sich selbst arbeitet«, muss in Kontakt mit den anderen Welten stehen. Wie Gurdjieff sagt, muss er in mindestens zwei Welten leben. Transformation ist für uns im Moment nur ein weiterer Begriff – aber zumindest können wir vorneweg sagen, dass er in Begriffen der Funktion allein nicht erklärt werden kann. Es hat nichts damit zu tun, größer zu werden oder sogar klüger, andere Gewohnheiten anzunehmen oder bestimmte Informationen zu verarbeiten. Es geht dabei um eine Veränderung dessen, was ein Mensch ist. (IW, 36)

Die Konzentration der höheren Energien in uns erfordert die Bildung eines passenden Gefäßes. Das bedeutet, dass unser Wesen stark genug sein muss, sie gefahrlos in sich aufzunehmen. Was wir als »Transformation des Seins« bezeichnen, meint das Anheben der Ebene, auf der Energie konzentriert werden kann. So werden Erfahrungen möglich, die in einem gewöhnlichen Bewusstseinszustand unmöglich sind und Kräfte verfügbar, die gegenwärtig noch nicht benutzt werden können. (IW, 46)

Es macht Sinn, dass wir vom »individuellen Willen« sprechen und jede Transformation des Menschen zielt auf seine Individualität. Der Mensch als ein »Wesen, das fähig ist, zu tun«, kann im Kosmos eine wichtige Rolle spielen. Nach Gurdjieff sind solche relativ befreiten Wesen nötig,

»um dem Schöpfer beim Regieren der expandierenden Welt zu helfen«. Deshalb ist auch dafür gesorgt, dass in diesem Leben die Möglichkeit der Transformation besteht, um – so Gurdjieff – »beschleunigte Resultate« zu erzielen. (IW, 54)

Sämtliche Lehren, die sich mit der Transformation des Menschen beschäftigen, sprechen von verschiedenen Welten; und in der Tat würde Transformation keinen Sinn ergeben, wenn es nicht verschiedene Identitätsformen gäbe, die verschiedenen Ebenen der Erfahrung entsprechen. Die Transformation des Menschen ist eine Veränderung seiner Natur. Viele begreifen jedoch die Transformation des Menschen als Befreiung von dieser sichtbaren Welt, um fähig zu sein, in einer ganz anderen Welt zu leben. Wir werden sehen, dass diese buchstäblich eskapistische Sicht nur ein Leben des Traums an die Stelle eines Lebens der Mechanik setzt. Der wirkliche Mensch lebt hier und jetzt in drei Welten zugleich – nicht jetzt in der einen und später in einer anderen. (IW, 56)

Unsere Rolle in der Welt ist mit der bewussten Transformation von Energien verbunden. Das ist leicht gesagt, aber nicht so leicht klar, was dies für die Praxis bedeutet. ... Der Mensch verfügt über das Potenzial, Energien zu transformieren, die von anderen Lebensformen und leblosen Dingen nicht transformiert werden können. Zu lernen, wie diese Energietransformationen vollzogen werden, ist die gleiche Arbeit wie das Erlernen der eigenen Transformation, die eigene »Selbst-Erschaffung«. (IW, 62)

Die Transformation, die uns *Sein* verleihen kann, wird auch für den Ablauf der Welt benötigt. Darin liegt eine Verpflichtung des Menschen, die keiner anderen Form des Lebens auferlegt ist. Wir werden später sehen, dass viel davon abhängt, inwieweit ein Mensch es fertigbringt, in Berührung mit seinen inneren Energien zu kommen und inwieweit er fähig ist, negative Impulse und Zustände in positive umzuwandeln. (IW, 63)

Die sensitive Energie spielt für die Lebewesen die gleiche Rolle wie die plastische Energie für die materiellen Dinge. Sie ermöglicht ihnen Transformation und Verwandlung. Nur der Mensch ist in der Lage, diese Möglichkeit in ihrem vollen Ausmaß zu nutzen. (IW, 76)

Die Energie des Bewusstseins erzeugt laufend das Gefühl eines »Ich« in uns. Deshalb schrecken wir vor der Möglichkeit einer Transformation in uns zurück, denn es scheint uns so, als müsse unser »Ich« dabei verloren gehen. Wir stoßen hier an die mystische Erfahrung »der dunklen Nacht der Seele«, in der wir fürchten, uns selbst zu verlieren. Nur wenn wir dieses Leerwerden in uns selbst zulassen können, kann die Energie der Einheit in uns eindringen und durch die Transformation des Bewusstseins die kreative Energie erzeugen, die die Energie unseres wirklichen Ichs ist, nicht des Ichs, das wir fühlen. Dann werden wir zu jemandem, der nach Gurdjieffs Definition »tun kann«, das heißt, wir werden unabhängige Schöpfer, werden wirklich »Gott gleich«. (IW, 84)

Um sich selbst zu transformieren, müssen sich im Menschen die drei Welten Wille, Sein und Funktion verbinden. Nur in einer Arbeit, die einen individuellen Willen realisiert, ein zusammenhängendes Sein herstellt und eine Vielfalt von Funktionen koordiniert, kann er zu dem werden, was er sein soll. Das ist die wirkliche Bedeutung des Ausdrucks »dreizentrisches Wesen«: die Ganzheit des Menschen leitet sich aus jeder der drei Welten ab und in einem Menschen, der transformiert ist, arbeiten sie nicht länger getrennt voneinander, sondern wirken zusammen als eine Einheit. (IW, 91)

Viele haben von den außerordentlichen Dingen berichtet, die sie angesichts einer drohenden Gefahr – manchmal im Bruchteil einer Sekunde – zu tun fähig waren. Aber es liegt nicht im Sinn der Arbeit an der Transformation auf Schocks und Bedrohungen von außen zu warten. (IW, 93)

Viele Menschen behaupten, dass das Geheimnis der Transformation im Sex liege – aber damit ist nicht der gewöhnliche Geschlechtsakt gemeint, sondern die kreative Kraft, die jenseits der Reichweite unseres Bewusstseins liegt. (IW, 98)

Erstens müssen wir uns darüber klar werden, dass wir viele sinnlose Angewohnheiten haben. Zweitens müssen wir die Potentiale unseres Körpers erforschen und uns damit vertraut machen, wie er funktioniert. Keine Transformationsarbeit ist ohne Wissen über unseren Körper möglich. Drittens müssen wir unseren Körper an ganz neue Dinge gewöhnen, und zu diesem Zweck ist es unerlässlich, die sensitive Energie in Form von Empfindungen zu konzentrieren. Um die Wirkweise eines Gehirns zu verändern, ist es nötig, wie wir schon festgestellt haben, die beiden anderen Zentren ins Spiel zu bringen. In dem von Gurdjieff geschaffenen System des Bewegungstrainings werden alle drei Gehirne dazu gebracht zusammenzuarbeiten. (IW, 98)

Ein richtiges Funktionieren unserer Gefühle ist so wichtig, dass wir die Transformation des Menschen eigentlich gleichsetzen können mit einer Transformation der Gefühlsnatur. Bevor diese nicht begonnen hat, hat die Transformation noch nicht einmal einen Anfang genommen. (IW, 101)
Erst wenn Sie fähig werden, in einem Zustand des Gleichgewichts zwischen Ihrem Körper, Ihren Gefühlen und

mentalen Prozessen zu sein, und diese nicht voneinander getrennt, sondern miteinander verschmolzen sind, können Sie von Transformation von Energien sprechen. Denn erst wenn Energien miteinander verschmolzen sind, haben Sie Zugang zu einer anderen Welt. (GD, 37)[74]

Besteht ein wirklicher Unterschied zwischen der Sorge um körperliche und um geistige Nahrung? Spielen beide nicht eine ähnliche Rolle, indem sie uns Material aufnehmen lassen, das es uns ermöglicht, zu arbeiten und uns zu transformieren? Und wenn dem so ist, kann man das *Atmen* nicht auch hier einordnen? Ich meine Ja. Ich denke, was die erste Linie[75] charakterisiert, ist unsere Initiative, das in uns aufzunehmen, was für unsere Existenz und unsere Erfüllung notwendig ist. (7 Linien, 47)

Wenn die Manifestation [des *Werks*] echt sein soll, muss eine beinahe völlige Freiheit von Selbstliebe und Wunschdenken vorliegen, dann dürfen keine Ergebnisse für einen selbst erwartet werden. Die Person, durch die sich das *Werk* manifestiert, wird transformiert und erwirbt Seinsqualität. (7 Linien, 80)

---

[74] Deshalb sind die so genannten Verschmelzungsübungen, die Bennett entwickelt hat, so wichtig. Ich habe sie in meinem *Gurdjieff Praxisbuch* beschrieben.

[75] Gemeint ist die erste Linie der Arbeit, Assimilation, ausführlich in: *Die 7 Linien der Arbeit.*

Werk, Wirklichkeit

»Werk« wurde von mir, als ich in den 1970er Jahren Bennetts Vorträge und Bücher zu veröffentlichte, meist als »Arbeit« übersetzt, im Englischen »Work«. Leider war mir damals nicht bewusst, dass das Wort »Work« mehrfache Bedeutung haben kann: *Werk*, Arbeit, Anstrengung, Leistung und vieles mehr. In dem Sinne, wie es in der Überlieferungslinie von Gurdjieff gebraucht wird, beinhaltet der Begriff nicht nur die individuelle »Arbeit an sich selbst«, sondern beschreibt auch »eine Sache, eine Kraft, eine Aktion, die das ganze Universum durchzieht. Es gelangt auch in uns, geht in alles hinein; doch es ist viel zu groß für uns, so dass wir nicht in der Lage sind, es so zu sehen, wie es wirklich ist.« (Bild, 3)

An anderer Stelle sagt er, dass sich »die Überlieferung des *Werks* immer mit praktischer Wirksamkeit in der Welt befasst hat. Das *Werk* ist an den wirklichen Bedürfnissen der Menschen interessiert, am menschlichen Fortschritt, nicht an subjektiver Erfahrung.« (7 Linien, 29) *Werk* wird jedoch nicht gleichbedeutend mit »Gott« verstanden. Es ist vielmehr ein »kreatives Feld«, kreative Energie, die uns befähigt »zu tun«. Bennett macht deutlich, dass »Tun nicht geteilt ist in eine Absicht, die in einem Augenblick entsteht, und in eine Handlung, die zu einem anderen Zeitpunkt ausgeführt wird. Tun ist der Seinszustand, in dem man ein Ganzes ist.« (Bild, 26) Mit dieser Sichtweise können wir auch den Begriff des *Werks*, »der Arbeit« verstehen. »Ich«

bin auch »das Werk« und das, was ich tue. Und es gibt »eine Richtigkeit in einer Handlung, bei der alle Anstrengung verschwindet.« (Bild, 27)

Werk und Wirklichkeit gehören zusammen, wir wirken das Werk. Daher habe ich mir bei den Zitaten auch erlaubt, das Wort »Arbeit« mit »Werk« zu ersetzen, wenn es »richtiger« ist.

Zitate

Ein Vorteil des Wortes »Arbeit« (Work, Werk) ist auch, dass wir tatsächlich die Arbeit nicht vom Arbeiter trennen können. Wenn wir das so sehen können, haben wir etwas sehr, sehr Wichtiges: wenn wir das Wort »Arbeit« gebrauchen, sprechen wir nicht über uns selbst, nicht darüber, was wir tun, und doch sind wir selbst und was wir tun einbezogen. Das Werk ist auch, was uns geschieht, seine Einwirkung auf uns. Auch ist es völlig richtig, zu sagen, das Werk hat eine Wirkung auf uns. Es ist ebenso richtig zu sagen, dass das Werk das ist, was wir tun. Es ist auch richtig, zu sagen, das Werk ist die Wirklichkeit unseres ganzen Lebens. Die Schönheit liegt darin, dass wir hier ein Wort haben, das eine Bedeutung hat, die keine falsche Trennung mit sich bringt. (7 Linien, 17)

Der größte Teil des *Werks* geschieht außerhalb unserer Erfahrung oder unseres Denkens. Das bedeutet nicht, außerhalb von *uns*, weit weg auf einem anderen Planeten oder sonstwo, sondern nicht in diesem Bewusstsein, unserem Wahrnehmungsvermögen. (7 Linien, 17)

Das *Werk* ist der Luft ähnlicher als ein Wesen oder etwas, was wir tun – eine Handlung oder ein Vorgang, wie ein paar Schuhe machen oder sich einen Astralkörper schaffen oder ähnliches. Es ist nicht weniger als ein Wesen, sondern mehr! (7 Linien, 18)

Es gibt nicht Gott und die Arbeit, das »Werk«, wie es einen Gärtner und einen Garten gibt. Das Wichtigste ist das was wir »Tun« genannt haben. Ich hoffte, und es ist sicher auch so, dass ihr aus eigener Erfahrung Tun versteht. Tun ist ein Schnittpunkt, das Zusammenkommen des »Tuenden« und der »Tat«, des Handelnden und der Handlung, bis zu dem Punkt, wo der Unterschied völlig verschwindet. (7 Linien, 111)

In uns hat sich eine bestimmte Wahrnehmung von der Arbeit, dem Werk, entwickelt. Wir haben etwas, worüber wir keinen Zweifel haben, das nennen wir das *Werk*. Niemand von uns hat 'ein Werk' gesagt, und keiner, darüber bin ich froh, 'unser Werk'. Als einmal jemand über 'Gurdjieffs Werk' zu sprechen begann, protestierte einer unserer Freunde: »Nein, so etwas wie 'Gurdjieffs Werk' gibt es nicht. Es gibt nur *das Werk*.« Das fand ich sehr richtig, denn gewiß gibt es niemandes »Werk«. Es gibt die Wirklichkeit des *Werks*, die für uns immer stärker wird, und dann ist Gott nicht länger eine Idee, etwas, an das wir glauben sollen, sondern er ist unsere eigene Wirklichkeit, weil wir einen Geschmack davon haben, zu wissen, wie es ist Gott zu sein, wenn wir den Augenblick des vollkommenen Handelns erreichen. Natürlich verderben wir es und das wissen wir auch, es geschieht aus dem einfachen Grund, dass wir nicht unseren Egoismus über eine längere Zeit heraushalten können. Er kommt wieder herein und Gott geht hinaus. Besser man sagt, er verbirgt sich wieder. ... *Tao* hat sich davongemacht... (7 Linien, 115)

Im *Wirken der Wirklichkeit* gibt es zunächst einmal keinen Unterschied zwischen einer Verschmelzung der inneren und äußeren Welten des Menschen oder den empfangenden und bejahenden Handlungen, sowie der selbständigen Existenz eines dritten Elements. Die dritte Welt ist die spirituelle Wirklichkeit und das Werk ist sowohl die Realität selbst als auch *die Weise*, wie sie in unserem Leben auftaucht. Das Werk ist das Licht und der Weg und zwischen Zielen und Mitteln kann es keine Trennung geben. (7 Linien, 27)

Das *Werk* ist nicht alles und es mag etwas jenseits davon geben. Worauf es ankommt ist, daß wir im *Werk* für uns etwas *Wirkliches* finden können. Was sich daraus eröffnet, hat keine Grenzen. (7 Linien, Seite 7, aus der Einleitung von Anthony Blake)

Das Werk ist wie Luft. Es ist überall und machtvoll, aber sie benötigt unsere Mitarbeit, um in uns eindringen zu können. Was wir von der Luft haben, hängt von unserer Aufmerksamkeit und den Energien ab, die wir angesammelt haben; ihre Möglichkeiten erstrecken sich vom molekularen Sauerstoff bis zu den Substanzen zum Aufbau unseres Seelenkörpers. (7 Linien, 28)

Eine *Wirklichkeit*, die weit mehr ist als etwas Persönliches, ist sehr schwer zu verstehen, aber es wäre auch ein Fehler, dies für wahrer zu halten als die Aussage, das Werk sei persönlich. Das *Werk* kümmert sich um Individuen und Individuen müssen arbeiten, auch wenn ihre Tätigkeit im Vergleich zu den übermenschlichen Kräften, die damit verknüpft sind, verschwindend klein erscheint. (7 Linien, 28)

Der versöhnende Charakter des *Werks* ist immer gegenwärtig, ob bei Anstrengungen oder beim Empfangen von Hilfe. Er ist für gewöhnlich verborgen, dient aber dazu, die widerstrebenden Bewegungen der bejahenden und empfangenden Kräfte zu verbinden. Die Arbeit hat im Wesentlichen mit Freiheit zu tun und ist darum immer unerwartet und geheimnisvoll. (7 Linien, 29)

Jede Tätigkeit, die wirklich im Jetzt stattfindet, gehört zur Arbeit. Ebenso jede Erfahrung, in der das Getrennte vereint wird, ohne daß Unterschiede verschwinden. (7 Linien, 29)

Gurdjieff näherte sich dieser Frage mit der Idee der drei Linien der Arbeit: für mich selbst, für die Gruppe, die Gemeinschaft und für den kosmischen Zweck. Er entwickelte diese Idee auf vielfältige Weise – so zum Beispiel in »All und Alles«[76] – wo er die Auffassung von der Arbeit für Gott entwickelte. Es ging ihm ganz klar um Unterschiede in der Art, wie sich die Arbeit manifestiert, *aber er interessierte sich auch für die besondere Art, wie eine Arbeit praktisch ausgeführt wird.* Im Verhältnis zu anderen – der jeweiligen Gruppe oder Gesellschaft – besteht die Idee des Dienens und diese Idee ist Mittelpunkt jeder Art von Arbeit, die den Namen verdient. Dienen erweitert sich zu der Möglichkeit, Gott oder dem *Werk* zu dienen. Das beinhaltet die Idee der Manifestation, das heißt, dass man das Ausdrucksmittel sein kann, mit der die Arbeit in die Welt gelangen kann. All dies muß von »Arbeit an sich selbst« unterschieden wer-

---

[76] Band 1, Beelzebubs Erzählungen für seinen Enkel (BE)

den, die außerhalb von uns Auswirkungen haben kann oder auch nicht. In seinen Schriften weist Gurdjieff immer wieder darauf hin, daß man unter den Einfluß höherer Kräfte kommen kann, eine *Wirkung*, die von innen kommt. (7 Linien, 31)

Die sehr hohe Intelligenz, die ich postuliere, ist weder menschlich noch göttlich. Sie ist weder vollkommen noch unfehlbar, doch ihr Weitblick und ihre Kräfte übersteigen bei weitem diejenigen der Weisesten der Menschheit. Ich werde sie den »Demiurg« nennen ... das den »Arbeiter für das Volk« bezeichnete, den Handwerker und Künstler, der den demos, die Bürger von Athen, mit den Geräten des Wohlergehens und der Kultur versorgte. (Meister, 15)

Mit der Sonne verglichen, nimmt der Demiurg eine untergeordnete Stellung ein. Er erschafft das Leben nicht selbst, sondern hat die Aufgabe übernommen, es zu betreuen und es bis zu dem Augenblick zu führen, wo es für sich selbst verantwortlich werden kann. Es gibt nichts, was uns an dem Gedanken einer Intelligenz hinter der Natur verwundern sollte. Biologen, die jede Andeutung hinsichtlich eines göttlichen Schöpfers zurückweisen würden, sprechen und schreiben über Natur, als wäre sie ein intelligentes Wesen.... Es wäre falsch, diese Intelligenz als das Leben selber anzusehen, und daher sollten wir die Natur vom Demiurg unterscheiden. (Meister, 27)

Ich habe vom Demiurg in der Einzahl gesprochen, doch es wird sich als notwendig erweisen, sich demiurgische Intelligenzen auch in der Mehrzahl vorzustellen und sogar zu sagen, die demiurgische Intelligenz könne in das menschliche Individuum eindringen. (Meister, 29)

Der Demiurg enthüllt uns nicht nur den zielbewussten Trieb zu höheren Seinsdimensionen, sondern auch die Freude am Leben und die Liebe zum Spiel. (Meister, 35)

Das Spiel ist zeitlos, es hat keine Vergangenheit und keine Zukunft. Es fragt nicht »warum«? Können wir das Spiel mit einem so großen Willen wie dem des Demiurgen in Verbindung bringen, der Sonne und Erde vereint, um das Leben zu erschaffen? Wir können und müssen es. Ohne das Spiel hätte die Geschichte keine Bedeutung. Das Spiel ist die Schöpfung des gegenwärtigen Augenblicks; es ist Erfüllung, die kein Morgen kennt. Wenn wir all das betrachten, was in der Natur komisch, sogar grotesk, und all das, was in ihr absurd und liebenswert ist, erblicken wir das schöpferische Spiel des Demiurgs, und wir sollten bereit sein, an dem Tanz teilzunehmen. (Meister, 37)[77]

---

[77] Siehe dazu mein Buch *Intelligente Evolution*«. Dort spreche ich von »schöpferischer Intelligenz«. Ich habe die Zitate zum «Demiurg» hier unter «Werk» eingebracht, weil ich das für gleichbedeutend sehe: Die Arbeit an der persönlichen Transformation steht im Zusammenhang mit der schöpferischen Intelligenz.

Der Mensch wurde bewusst, weil der Demiurg die Energie, die hierfür erforderlich war, konzentriert hatte. Er wurde nicht durch Zufall bewusst, denn Bewusstsein kann nicht zufällig entstehen. (Meister, 40)

Mehr als eine halbe Million Jahre lang besaßen die Menschen alle Merkmale des Menschentums mit Ausnahme des Schöpferischen. Dies ist eine höhere Energie als das Bewusstsein, und sie kennzeichnet den Demiurg. (Meister, 41)

Das kreative *Werk*, über das wir sprachen, ist nicht einfach eine Art der Anstrengung; es ist eine Realität an sich, die ihren Ursprung in einer Quelle hat, die wir nicht direkt erfahren können. Das Mysterium des Werks ist das gleiche wie das Geheimnis heiliger Individuen, wie der Begründer der großen Religionen und der spirituellen Lehren in der Welt. Von Zeit zu Zeit erscheinen auf dieser Erde Menschen, die aus einer Welt des Großen Mitgefühls kommen. Solche heiligen Individuen *sind* das Ganze. (IW, 247)

Die heiligen Individuen kennen den Zweck, zu dem die Schöpfung ins Leben gerufen wurde. Außerdem bringen sie das Wirken der Freiheit, das zu den höheren Welten gehört, in diese Welt hinein. Sie sind die Quelle der Hilfe für uns, doch sie können uns keine Freiheit geben. Nicht einmal Gott kann uns Freiheit geben. Sie geben uns Hilfe, doch wir müssen lernen, wie wir diese annehmen können, wie wir uns hingeben, unter ihre Führung stellen können. (IW, 247-48)

Gurdjieff sprach immer von drei Welten – die dritte Weit, *alam-i imkan*, ist die »Welt des Werks«, des »Wirkens der Wirklichkeit«. Von dieser Welt gehen alle positiven Kräfte aus, die in unsere Welt eindringen die heiligen Impulse wie Wunsch, Hoffnung usw. Sie sind unabhängig von den Gesetzen der Existenz und helfen uns dabei, frei zu werden. (IW, 285)

Wenn wir unsere Illusionen über die Körperwelt loswerden und auch die Illusion, selbst der Handelnde zu sein oder überhaupt etwas zu sein, in dem Moment wird alles möglich. Worauf wir hoffen können ist, Vertrauen zum *Werk* zu bekommen. Es braucht viele Jahre und viele teils schmerzliche, teils schöne Erfahrungen, bis das *Werk* ganz von uns Besitz ergreifen kann und wir die Gewissheit bekommen, dass das *Werk* das einzige ist, worauf wir uns wirklich verlassen können. Solange wir uns ihm anvertrauen, ist es möglich, ein vollkommen befriedigendes Leben zu führen... Ich weiß mit absoluter Sicherheit, dass ich ohne das Werk nichts tun könnte. (IW, 287)

Wir sind insofern frei, dass wir angesichts der Unsicherheit handeln können. Wenn die Welt nicht unsicher wäre, könnten wir keine *Wirklichkeit* haben. (Risiko, 19)

Gott ist vollkommenes Tun und die Arbeit ist Vollkommenheit im Tun. Das schließt alles ein, den Tuenden, die Tat, die Vollkommenheit, die Schönheit – aber es bedeutet nicht, alles sei Gott. Es gibt diese Arbeit, an der wir teilhaben, und indem wir daran teilhaben, haben wir teil an Gott. Aber wenn der Augenblick der Vollkommenheit kommt, verschwindet der Teil und wir sind Gott. Es ist wörtlich so, wir sind nicht nur Gott gleich. (7 Linien, 117)

Wille, Absicht

Der Begriff »Wille« wird im allgemeinen Sprachgebrauch mit Durchsetzungsfähigkeit, Willenskraft, fester Absicht, dem Drang zu etwas, etwas »tun« wollen und vielem mehr verbunden. Bennett definiert das Wort als schöpferische, kosmische Kraft und bringt es mit kreativer Energie zusammen. Die Wirkung des Willens kann uns nicht bewusst sein, weil diese Kraft nach seiner Darstellung »außerhalb« und »oberhalb« des Bewusstseins angesiedelt ist. Das ist leider gedanklich schwer zu begreifen, doch wenn wir wissen, dass Aufmerksamkeit[78] eine Form des Willens ist, dann haben wir eine gute Verständnisgrundlage.

Hinter dem Wirken der Energien,[79] das die Funktionen antreibt, steht das Wirken des Willens, der im Feld des Bewusstseins wirkt und die dortigen Energiefelder in-for-miert, das heißt, ihnen eine Form gibt. Aus diesem Grund müssen wir in alle Richtungen arbeiten: Das Training aller Funktionen, die Verbesserung der Energiequalität und die Verstärkung ihrer Intensität, um den Energiekörper hervor-zubringen, und die Ermöglichung des Wirkens des »Ichs«, der individualisierten schöpferischen Kraft und seiner kreativen Energie in unserem Leben.[80]

Der Wille ist meiner Erfahrung nach tatsächlich eine »geis-

---

[78] Siehe das Kapitel «Aufmerksamkeit«

[79] Siehe das Kapitel «Energien«

[80] Siehe das Kapitel »Ich«.

tige Kraft«, die sich erst mit Hilfe der Gehirnfunktionen ausdrücken kann. Es macht einen wesentlichen Unterschied, ob ein Mensch sich bewusst ist, welche Entscheidung er trifft, ob er mit Absicht handelt oder nur unbewusst »automatisch« auf äußere Einflüsse reagiert. Die Neuronen im Gehirn müssen vor der Auslösung einer Handlung selbstverständlich informiert werden. Selbst eine schnelle körperliche Reaktion auf ein Geschehen erfordert eine innerliche Entscheidung vor dem Bewegungsprozess, so oder so zu reagieren – sogar bei einer unbewussten Reaktion, die erst hinterher ins Bewusstsein gelangt, wenn ich erkenne, was ich getan oder gesagt habe. Ich kann meine Finger nicht bewegen, wenn ich ihnen keinen absichtlichen Impuls dazu gebe. Der trainierte Automatismus, zum Beispiel beim Tippen von Buchstaben, ist dagegen funktional. Der einzige Willensimpuls ist die Absicht, etwas zu schreiben, der Rest funktioniert von allein, weil Gehirn und Finger durch Übung gut koordiniert sind. Doch nicht die Neuronen lösen den Impuls zum Schreiben aus, es ist immer noch vorrangig meine willentliche Absicht, einen Text zu verfassen, es sind nicht die Neuronen, die mich dazu zwingend veranlassen.

Die Zitate von Bennett werfen einen tieferen Blick auf die spirituelle Wirklichkeit des Willens.

Zitate

Der Wille selbst handelt nicht, er entscheidet über die Handlungen, die stattfinden sollen. Der Mensch ... muss entscheiden, was zu tun ist, der Rest ist dann ein funktionaler Prozess. Nur in diesem Sinne sprechen wir davon, dass der Wille nichts »tut«, um ganz sicher zu gehen, dass wir uns diese Kraft nicht als etwas vorstellen, das man beobachten kann. Es überrascht uns nicht, dass wir den Willen in den äußeren Prozessen der Welt nicht erkennen können, aber viele werden überrascht sein, wenn sie feststellen, dass der Wille auch in uns selbst nicht zu finden ist. (IW, 38)

Es ist einsichtig, dass Gurdjieff das Wort »tun« mehr im Sinne von »Dinge in Bewegung setzen« oder »entscheiden« verwendete als im gewöhnlichen Sinne von Aktivität. Der Mensch übt viele Aktivitäten aus, aber sehr wenig »absichtliches Tun« im Gurdjieffschen Sinne. Dazu kommt, dass er in der Welt des Willens blind ist und sich seine Erfahrungen außerhalb der Welt der Funktion nicht erklären kann. (IW, 40)

Unglücklicherweise gebrauchte Gurdjieff den Begriff »Willen haben«, als ob es etwas wäre, das man besitzen kann. Besser wäre es zu sagen, dass der Wille uns haben kann, sobald wir unsere Illusionen überwunden haben. (IW, 41)

Wir neigen dazu, über den Willen fast ganz in menschlichen Begriffen zu sprechen, aber er hat kosmologisch, d. h. in größerem Maßstab, eine ebenso wichtige Bedeutung wie psychologisch in kleinerem Maßstab. Wille nimmt Einfluss auf alles Existierende, er ist sogar in den unbeweglichsten und passivsten Seinszuständen der Materie wirksam. Das bedeutet natürlich nicht, dass im Felsen kleine Wesen sitzen oder riesige Superwesen in den Planeten und Sternen. Der Wille ist die Dynamik des Wandels überall und auf jeder Ebene. Ist er mit einem sich selbst erneuernden Körper verbunden, dann handelt es sich um ein Lebewesen. Sogar hier sind wir in eine Falle gegangen – über ein »Es« so zu sprechen, als sei dieses eine einheitliche Wesenheit oder ein Objekt. (IW, 42)

Gurdjieffs Bild von *Okidanoch* besagt,[81] dass die Dreifaltigkeit des Willens alles beeinflusst, die Schöpfung als Ganzes mit inbegriffen. Es gibt eine kosmische Bejahung (den kreativen Willen), eine kosmische Verneinung (den Mechanismus) und eine kosmische Versöhnung (das Leben). Leben ist das Sein des Universums, wodurch dieses zu einem Ganzen wird. (IW, 43)

Das folgende Symbol wird Ihnen helfen zu verstehen, was ich sage. Es gibt fünf gesonderte Elemente:

---

[81]   Siehe dazu mein Buch *Auf einem Raumschiff mit Gurdjieff*

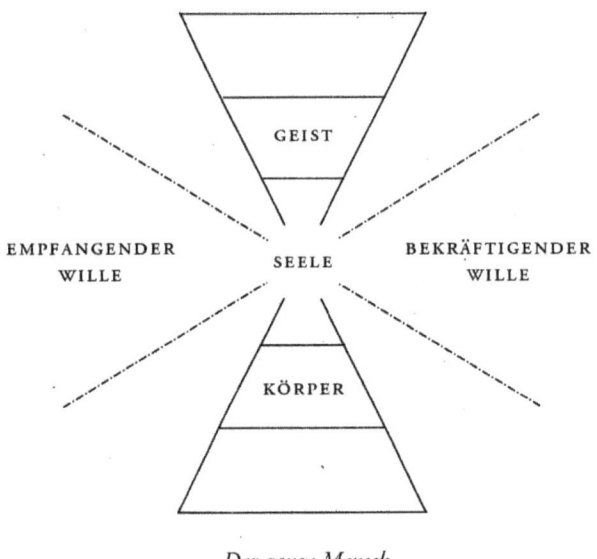

Der ganze Mensch

Körper: Dazu gehören die drei niedrigeren Selbste, das Materielle, das Reagierende und das Geteilte Selbst, die alle »organisierte Energie« sind, mit dem physischen Körper verbunden, aber auch fähig, ohne ihn zu existieren.[82]

Geist: Damit ist in erster Linie die eigene geistige Essenz gemeint. ...[83]

Seele: Sie ist mein Wahres Selbst. ... Meine Seele ist auch ein Gefäß meiner Potenzialität, in geistiger wie in materieller Hinsicht. Sie ist die Brücke, die zwischen den beiden Welten gebaut werden muss.[84]

---

[82] Siehe Kapitel »Selbst«
[83] Siehe Kapitel »Geist«
[84] Siehe Kapitel »Seele«

Bekräftigender Wille: Das ist der Aspekt des »Ich«... der mit dem Satz ausgedrückt wird: Ich kann, und deswegen bin ich. Er kann auch als »männlicher Wille« bezeichnet werden.

Empfangender Wille: Das ist der Wille ... der sich fügt und annimmt. Es ist der Wille, der eher Hilfe annimmt, als selbst zum Handeln drängt. Er ist das »Ich bin Wunsch«, der weibliche Wille in jedem von uns. (SP, 234)

Gibt es freien Willen, oder gibt es ihn nicht? Wir *scheinen* frei zu sein. Wir *müssen* frei sein. Wir müssen frei sein, wenn wir Verantwortung tragen sollen. (SP, 237)

Wille kann auch als die Fähigkeit beschrieben werden, die Dinge so zu nehmen, wie sie sind. (SP, 239)

Tatsächlich gibt es in der ganzen Schöpfung nichts einsameres als den Egoismus; er weist Gott und Menschen gleichermaßen zurück. Wenn aber das »Ich« im Wahren Selbst eingezogen ist, wird ein vollkommen anderer Kontakt möglich, ein Kontakt zwischen Willen, nicht nur zwischen Instrumenten. Dieser Kontakt zwischen Willen, der weder Materie noch Geist braucht, ist das, wonach wir uns alle sehnen – aber der Preis dafür ist, dass der Egoismus aus dem Zentrum entfernt ist. (SP, 242)

Ein Gehirn stellt eine spezifische Art und Weise dar, wie der Wille zur Körperwelt in Beziehung treten kann. Sobald ein Gehirn spiritualisiert ist, wirkt es aus dem Willen heraus. Dann ist es der Wille, der das Zentrum darstellt. (IW, 89)

Die Kraft der Wahl und die Kraft der Entscheidung sind Eigenschaften des Willens, die, auch wenn sie mit der Aufmerksamkeit verbunden sind, sich dennoch davon unterscheiden. Diese Kräfte sind verbunden mit der Eigenschaft der »Fähigkeit zu sein«. (DU II, 76)

Die Verbindung zwischen dem Willen als Kraft und dem Willen als »Gesetz der Verbundenheit« ist nicht schwer herzustellen. Aufmerksamkeit ist eine Beziehung [oder Verbindung], und das sind auch Entscheidung und Wahl. Aufmerksamkeit kann nicht als eine Dyade zwischen dem Beobachter und dem Beobachtetem beschrieben werden, denn es ist ein Element, das unabhängig von beidem ist und doch für beides relevant. (DU II, 76)

Es bleibt noch die Erwägung der Verbindung zwischen Willen und Verstehen. Zuerst müssen wir bemerken, dass Verstehen eine Beziehung ist und keine Aktivität oder ein Bewusstseinszustand. Zweitens ist Verstehen nur effektiv durch die Ausübung der Kräfte von Aufmerksamkeit, Wahl und Entscheidung. Wenn sie nicht mit der Kraft der Aufmerksamkeit verbunden sind, ist das Verstehen des Menschen nutzlos für ihn. (DU II, 76-77)

Jede Manifestation des Willens besteht in einer Beziehung (bzw. Verbundenheit) und daher als eine Triade. (DU II, 79)

Jede Manifestation des Willens auf jeder Ebene besteht in der gegenseitigen Regulierung der drei kosmischen Impulse von Affirmation, Empfänglichkeit und Versöhnung. (DU II, 83)

Durch die Ausübung der Kraft des Willens ist die Selbstheit[85] in der Lage sich zu entwickeln und ihre Vollendung durch die Transformation der Energien zu erlangen. Die Entwicklung des Wesens bzw. Seins wird durch die Übung des Willens angeregt, doch die Übung selbst bedarf der Unterstützung der Existenz. Selbstheit ist der Wille, der sich der Existenz verpflichtet hat, die Manifestation des Selbstwillens abhängig von der Ebene des Wesens. (DU II, 155)

---

[85] Siehe Kapitel »Selbst«

John G. Bennett - eine kurze Biographie

John Godolphin Bennett wurde am 8. Juni 1897 in England geboren. Es gibt viele gute Gründe, uns seine Lebensleistung in Erinnerung zu rufen. Denn Bennett war nicht nur ein brillanter Mathematiker und Philosoph, er war auch einer der außergewöhnlichen spirituellen Lehrer des zwanzigsten Jahrhunderts.

Bennetts »Suche nach der Wahrheit« begann durch eine intensive Nahtoderfahrung im ersten Weltkrieg. 1919 wurde Bennett nach Istanbul geschickt, wo er für den britischen Nachrichtendienst arbeitete. Dort kam er in Kontakt mit türkischen Derwischen des Mevlevi-Ordens. 1920 lernte er den Journalisten P. D. Ouspensky kennen, über den er in Kontakt mit dem »geheimnisvollen Bewusstseinslehrer« G. I. Gurdjieff kam, der sich gerade in Istanbul aufhielt. Diese Begegnung beeindruckte ihn so nachhaltig, dass Bennett ihn 1923 dann in Gurdjieffs »Institut für die Harmonische Entwicklung des Menschen« in Fontainebleau nahe Paris aufsuchte. Aus beruflichen Gründen musste Bennett jedoch bald wieder nach England zurück.

Dort schloss er sich später für einige Jahre P. D. Ouspensky an, einem Gurdjieff-Schüler aus der russischen Zeit 1915-1920, der sich in England niedergelassen hatte und Gurdjieffs Ideen nach seiner eigenen Interpretation lehrte. Durch die Wirren des zweiten Weltkrieges und Ouspenskys Ablehnung Gurdjieffs verlor Bennett den persönlichen

Kontakt zu Gurdjieff. Nach Ouspenskys Tod 1947 ging Bennett aber wieder zu Gurdjieff nach Paris, wo er nahezu zwei Jahre an Gurdjieffs Gruppen teilnahm.

Nach Gurdjieffs Tod im Jahre 1949 bildete Bennett eine eigene Gruppe in Coombe Springs bei London. Gurdjieff hatte Bennett inspiriert, nach dem inneren Muster der Spiritualität und darüber hinaus nach den Quellen des wirklichen Wissens zu suchen. Deshalb forschte er nach der Herkunft von Gurdjieffs Lehren, unternahm Reisen in den Orient auf der Suche nach Gurdjieffs Lehrern und lernte einige östliche Meister kennen, die ihm bei seiner Suche halfen. Diese Reisen beschreibt er ausführlich in *Journeys to Islamic Countries*. Später begegnete er weiteren interessanten Lehrern der Weisheit. Um nur einige der bekannteren zu erwähnen: Hasan Shushud, ein türkischer Sufi in der Tradition der »Meister der Weisheit«, Suleiman Dede, ein Mevlevi-Scheich in Konya; Pak Subuh, der indonesische Begründer des Subud; Maharishi Mahesh Yogi, der Begründer von TM; Shivapuri Baba, ein indischer Rishi, der 136 Jahre alt wurde; Idries Shah, der einen westlichen Sufismus propagierte, und Reshad Feild, der Begründer der »Lebenden Schule«. Zusätzlich zu diesen Forschungen und Erfahrungen ließ Bennett wesentliche Einflüsse aus verschiedenen traditionellen Lehren, moderner Psychologie und zeitgenössischen physikalisch-wissenschaftlichen Erkenntnissen in seine Arbeit einfliessen.

Einen prägenden Hintergrund für Bennetts spirituelle Arbeit bildete sein Beruf als Mathematiker. Durch seine frühe Nahtoderfahrung[86] versuchte er immer wieder zu ergründen, was es mit den anderen, unsichtbaren Bereichen der Wirklichkeit auf sich hat und wie diese in unser physikalisch geprägtes Verständnis einer Welt aus drei Raum- und einer Zeitdimension hineinpassen. Er kam zu der Erkenntnis, dass es außer der gewöhnlichen Zeitdimension auch eine weitere Zeitdimension geben müsse und entwickelte ein mathematisches Modell dafür.

In einfachen Worten: Während »Zeit« die Verwirklichung von Potenzialen ermöglicht, enthält die zweite Zeitdimension, die er »Ewigkeit« nennt, diese Potenziale. Ewigkeit ist die *Fähigkeit zu sein*, der gegenwärtige Augenblick des Lebens in seiner Fülle. In seinen Visionen überschritt er auch diese Dimension, denn die Fähigkeit zu tun, die Welt des kreativen Willens, ist eine weitere, die sechste Dimension (genannt *Hyparxis*), die jenseits unseres Bewusstseins wirkt.[87]

Diese Arbeit fand ihre praktische Umsetzung in *Systematics*, einer Methode, die gleichermaßen für unternehmerische Organisation wie für das philosophische Verständnis von Qualitäten und Prozessen brauchbar ist, die sich nicht mit

---

[86] Siehe seine Autobiografie *Das Durchqueren des großen Wassers* (englischer Titel *Witness*).

[87] In seinem Buch *Risiko und Freiheit* (und auch in *The Dramatic Universe)* begründet Bennett sehr ausdrücklich, warum Einsteins Relativitätstheorie mit drei Raum- und einer Zeitdimension nicht ausreicht, um alle Phänomene des Universums (einschließlich der geistigen Dimension) zu verstehen. Zum Verständnis der Hyparxis empfehle ich Anthony Blakes ausführliche Beschreibungen in: *Musing on Hyparxis* auf der Website Duversity.org unter Artikel.

quantiativen mathematischen Analysen verstehen lassen.[88] Das »Enneagramm« ist Teil dieser Methode. Diese Erkenntnisse vermittelte er in dem intellektuell herausfordernden vierbändigen Werk *The Dramatic Universe*. Es wurde leider nie ins Deutsche übersetzt. Sein Buch *Risiko und Freiheit* gibt Gedanken aus *The Dramatic Universe* in allgemeinverständlicher Weise wieder, auch das ein herausragendes Ergebnis von Bennetts philosophischer Genialität.

Neben seiner beruflichen Tätigkeit in der Kohlenstoffchemie und seiner 10 Jahre dauernden Arbeit an *Systematics* leitete Bennett Gruppen des »Vierten Wegs«. Diese Gruppenarbeit beruht auf den Methoden und Einsichten von Gurdjieff, bei der es um die harmonische Entwicklung des Menschen geht. Aufgrund seiner langjährigen Erfahrungen mit diesen Lehren und seinen Erkenntnissen über das strukturierte Lernen war Bennett in der Lage, Gurdjieffs Methoden weiterzuentwickeln und außerdem mit Techniken und Methoden anderer Lehren zu einem ganzheitlichen Schulungsweg zu verbinden.

In der Würdigung zu seinem Todestag am 13. Dezember 1974 schrieb die englische Zeitung *The Times:* »Um John Bennetts Leistung zu verstehen, muss man die Einsicht G. I. Gurdjieffs anerkennen, welcher nachdrücklich betonte, dass der Mensch völlig blind geworden sei für das, was wirklich ist. Bennett, der leicht eine brilliante Zukunft als Wissenschaftler hätte haben können, wurde einer der wichtigsten Lehrer der Ideen Gurdjieffs und Ouspenskys von

---

[88] Siehe mein Buch *Spielfeld Leben*

der Umwandlung des Menschen. Er glaubte, dass eine Lehre des Lebens verloren geht, wenn nicht ständig neue Einsichten gefunden werden, die ihre Bedeutung erneuern.«

Bennetts Bedeutung liegt jedoch nicht so sehr darin, dass er zu einem unabhängigen »Nachfolger« oder Exponent von Gurdjieffs Ideen wurde, sondern dass er es verstand, an dem angefangenen Gebäude von Gurdjieffs Lehre und seinen Methoden weiterzubauen. »Ich dachte darüber nach, dass Gurdjieff immer nur für begrenzte Zeit mit jemandem zusammengearbeitet und ihn dann weggeschickt oder gar vertrieben hatte. Mir war auch bewusst, dass sein Institut in Fontainebleau selbst in seiner Blütezeit nicht mehr als ein Experiment gewesen war. Wollte ich es besser machen, so musste ich in der Lage sein, mich ganz dieser Aufgabe zu widmen – und dazu brauchte ich die richtigen Leute, einen geeigneten Platz und genug Geld, um von materiellen Sorgen frei zu sein.«[89]

Als er seine Entscheidung getroffen hatte, kamen diese Dinge in sehr kurzer Zeit tatsächlich zusammen. Er gründete 1971 die *Academy for Continous Education* in Sherborne, Gloucestershire (England), das in seinen vier letzten Lebensjahren zu einem bemerkenswerten Schulungsprojekt wurde. Der Begriff des »lebenslangen Lernens« wurde so in unser Bewusstseinsfeld gebracht. Mit dieser Akademie setzte Bennett auch seine

---

[89] In seiner Autobiografie *Das Durchqueren des großen Wassers*, Chalice Verlag 2011

Vision um, dass die Wirklichkeit immer wieder neu erschaffen wird – und erschaffen werden muss.

Bennett brachte den Reichtum an Erfahrung und des Wissens einer fünfzigjährigen Suche nach dem Verstehen der Wirklichkeit in dieses Projekt ein. So war diese Akademie eine neue »Schule des Augenblicks«, bei der es darum geht, die menschlichen Qualitäten herauszuarbeiten, um das kreative Potenzial, das jeder hat, zu verwirklichen.

Die Ausbildung in einem Zehnmonatskurs war für rund hundert Menschen aus aller Welt konzipiert. Praktische Arbeit im Garten und den Parkanlagen des viktorianischen Schlosses, Versorgung und Mahlzeiten, Reinigung des Hauses – alles verbunden mit Übungen der Selbstbeobachtung, der Aufmerksamkeit und vielen anderen Techniken zur Bewusstseinsweckung – wechselten sich ab mit theoretischen Studien, inneren Übungen und den rituellen Tänzen, die *Movements*, die Gurdjieff entwickelt hatte. Der tägliche Stundenplan war voller Ereignisse, von morgens um 6 bis spätabends um 22 Uhr. Und trotz des Rahmens dieses täglichen Stundenplans war alles Geschehen im Fluss und erforderte eine hochgradig konzentrierte Aufmerksamkeit – jeder Moment war eine Herausforderung.[90]

Die Akademie war ein außergewöhnliches und erfolgreiches Schulungsexperiment. Rund fünfhundert Menschen wurden ausgebildet. Einige führten unter Leitung des

---

[90] Ausführlich im Buch: von Alan Roth: *Sherborne - An Experiment in Transformation*, Bennett Books

direkten Gurdjieff-Schülers Pierre Eliott, Bennetts engstem Mitarbeiter in Sherborne, ein weiteres Schulungsprojekt in Claymont, West-Virginia (USA) fort, das Pierre Eliott über 10 Jahre leitete. Viele Schüler Bennetts stehen heute in verantwortlichen Positionen oder sind unternehmerisch tätig. Einige leiten selbständig Arbeitsgruppen in aller Welt.

John G. Bennett starb am 13. Dezember 1974, nachdem er morgens seinen Schülern in Sherborne House noch das Frühstück serviert hatte. Seine Frau Elizabeth berichtete später, dass er bereits schon eine Woche zuvor wusste, dass er an diesem Tag sterben würde.

Bruno Martin

Zitate aus folgenden Büchern[91]
von John G. Bennett

Das Durchqueren des großen Wassers, Xanten 2011, Chalice Verlag

Der Grüne Drache, Südergellersen 1993, Verlag Bruno Martin (GD)

Die 7 Linien der spirituellen Arbeit – Von der harmonischen Entwicklung des Menschen, Xanten 2016, Chalice Verlag (7 Linien)

Die inneren Welten des Menschen, Zürich 2009, Chalice Verlag (IW)

Die Meister der Weisheit, Südergellersen 1993 (Meister)

Ein anderes Bild Gottes, Frankfurt 1977 (Bild), Die englische bzw. amerikanische Ausgabe von 1989, Santa Fe, Bennett Books hat den Titel: Sacred Influences

Eine Spirituelle Psychologie, Zürich 2007, Chalice Verlag (SP)

---

[91] Die Abkürzungen, die ich in diesem Buch verwende, sind hier jeweils in Klammern hinter den Titeln.

Energien – Ihre Bedeutung für die spirituelle Transformation des Menschen, 1. Auflage 1977, neu bearbeitete 3. Auflage Südergellersen, Privatdruck 2008 (Energien)

Gurdjieff – Der Aufbau einer neuen Welt, Freiburg 1976 (Aufbau)

Making a Soul, Santa Fe 1995 (MS)

Risiko und Freiheit, Zürich 2004, Chalice Verlag (RF)

Sexualität und spirituelle Entwicklung, Xanten 2012, Chalice Verlag (Sex)

Sunday Talks at Coombe Springs, Santa Fee 2004, Bennett Books (Sunday Talks)

The Dramatic Universe, 1956-66, 4 Bände (DU)

The Way to be Free, New York 1980, Weiser (Way)

Transformation – Die Kunst, sich zu wandeln, Xanten 2013, Chalice Verlag (TF)

Weitere erwähnte Bücher:

Bruno Martin, Gurdjieff Praxisbuch, Norderstedt 2014 (GP)

Bruno Martin, Gurdjieff Praxisbuch 2, Norderstedt 2016 (GP 2)

Bruno Martin, Auf einem Raumschiff mit Gurdjieff, Norderstedt 2014 (Raumschiff)

Bruno Martin, Der Wunderland-Effekt, Norderstedt 2011 (WE)

P. D. Ouspensky, Auf der Suche nach dem Wunderbaren, Weilheim 1966 (ASW); die aktuelle Ausgabe erschien 2010, die Seitenangaben beziehen sich auf die Ausgabe 1966.

P. D. Ouspensky, Der Vierte Weg, Saunstorf 2013, advaita media

G.I. Gurdjieff, All und Alles - Beelzebubs Erzählungen für seinen Enkel, Wien 1950 (BE); aktuelle Ausgabe 2010